सही सोच
और
सफलता

सही सोच
और
सफलता

प्रमोद बत्रा

प्रभात प्रकाशन, दिल्ली™
ISO 9001:2000 प्रकाशक

प्रकाशक • **प्रभात प्रकाशन**
4/19 आसफ अली रोड,
नई दिल्ली–110002

संस्करण • 2018
अनुवाद • श्रीमती प्रवीण शर्मा
मूल्य • तीन सौ रुपए
मुद्रक • नरुला प्रिंटर्स, दिल्ली

SAHI SOCH AUR SAFALTA *by* Promod Batra ₹ 300.00
Published by Prabhat Prakashan, 4/19 Asaf Ali Road, New Delhi-2
by arrangement with USB Publications' Distributors Ltd., New Delhi
e-mail: prabhatbooks@gmail.com ISBN 978-93-5186-643-5

एक श्रेष्ठ इनसान,
नैतिक मूल्यों के संग्राहक,
परिपक्व उद्यमी
स्व. श्री सी.एम. चावला
को समर्पित

आप मेरी जिंदगी में आए तो बहुत बड़ी बात बन गई।

अधिकांश समस्याएँ
विचार-शून्यता के
कारण उत्पन्न होती हैं।

पुरोवाक्

आज मैं खुद को एक सफल इनसान समझता हूँ, क्योंकि मैं अपनी तुलना खुद से ही करता हूँ। सन् 1957 में श्रीराम कॉलेज ऑफ कॉमर्स, नई दिल्ली से बी.कॉम. करने के बाद मैं मिनीसोटा यूनिवर्सिटी से एम.बी.ए. करने के लिए मिनी पोलिस (अमेरिका) चला गया। उच्च शिक्षा प्राप्त करने के लिए मैंने हर तरह का छोटा-मोटा काम किया, ताकि मैं एम.बी.ए. की फीस दे सकूँ।

मैंने एस्कॉर्ट्स में कार्यभार सँभाला। यहाँ पर मैं तैंतीस वर्ष तक रहा। इन वर्षों के दौरान मैंने मौखिक तथा लिखित—दोनों रूपों में बात कहने-सुनने का ढंग सीखा। यह सभी कुछ अभिवृत्तिमूलक सेमिनार तथा एस्कॉर्ट्स के डीलर्स के लिए गृह पत्रिका 'प्रोफिटेबली योअर्स' में लेखों के माध्यम से सीखा। इन सेमिनारों तथा लेखों का केंद्रबिंदु डीलरशिप के नियमित कार्यों के अलावा डीलरशिप का प्रबंधन भी था। जब मैंने इस पत्रिका के लिए प्रबंधन लेखों हेतु शोधकार्य किया था, तब बहुत कुछ सीखा। मैंने एस्कॉर्ट्स में सीखा कि कोई भी कोशिश बेकार नहीं जाती।

एस्कॉर्ट्स हार्ट इंस्टीट्यूट में लेडी इरविन कॉलेज की फैकल्टी डॉ. (श्रीमती) संतोष कपूर आती थीं। वह मेरी दूर की रिश्तेदार भी थीं। उनके भाई की यहाँ बाईपास सर्जरी हुई थी। अपनी आदत के अनुसार मैंने उन्हें अपनी पुस्तक 'मैनेजमेंट थॉट' की प्रति भेंट की। उन्होंने वह पुस्तक यूनिवर्सल बुकसेलर्स, लखनऊ में अपने भाई बिशन प्रकाश को दी। उन्हें वह पुस्तक पसंद आ गई और उन्होंने अपनी पुस्तकों की दुकान के लिए उसकी छह प्रतियाँ मँगवाईं।

कुछ समय बाद मुझे श्री सी.एम. चावला ने उस पुस्तक को देखने के लिए अपने ऑफिस में बुलाया। वह पुस्तक बिशन प्रकाश ने अपने भाई श्री चावला को दी थी। जब मैं उनसे मिला, उन्होंने मुझे तीन सौ प्रतियों का आदेश दिया। अंत में उस पुस्तक की तीन लाख प्रतियाँ बिकीं। मुझे ऐसा कोई मिल गया था, जिससे मैं परिपक्व लेखक, प्रकाशक और वितरक बन गया। इस धनराशि से मुझे उद्यमी बनने का मौका मिला। इस अवसर ने मेरे दूसरे कैरियर 'लेखन' को नया आयाम दिया। अब तक मेरी प्रकाशित पुस्तकें अगर लोगों के व्यक्तित्व और व्यवहार को प्रभावित कर पाई हैं तो इसे मैं ईश्वर की कृपा मानता हूँ।

—प्रमोद बत्रा

गणेशजी के विशाल शीश से उच्च विचारों तथा रचनात्मक दृष्टि से विचार-मनन की प्रेरणा मिलती है; विशाल कानों से हमें यह शिक्षा मिलती है कि हम नए विचारों और सुझावों को धैर्य से सुनें, छोटी आँखें सुव्यस्थित एवं तीव्रता से कार्य संपन्न करने के लिए आवश्यक 'एकाग्रता' की ओर इंगित करती हैं, 'वक्रतुंड' अपने चारों ओर जिज्ञासा रखते हुए अधिक-से-अधिक सीखने के लिए बताती हैं तथा 'छोटा मुँह' याद दिलाता है कि हम कम बोलें और ज्यादा सुनें।

अपने सीमित दायरे से बाहर सोचें"
आपको आसान कार्य भी चतुराई से संपन्न करने हैं।

अनुक्रम

आमुख

समस्याएँ, समस्याएँ, समस्याएँ।

प्रत्येक मनुष्य का जीवन समस्याओं से घिरा हुआ है। अपने जीवन के लगभग अड़सठ वर्षों के दौरान मुझे औसत से अधिक समस्याओं का सामना करना पड़ा। और मैं यह सोचता हूँ कि मैंने शांतिपूर्वक इन समस्याओं पर काबू पाया। मैं स्वयं से तथा उस परम शक्ति से संतुष्ट हूँ, जिसने मुझे बनाया।

मैं, मुझे, स्वयं से मैं, मुझे, स्वयं तक के सफर से मुझे ऐसी समस्याओं तथा उलझनों को सुलझाने में मदद मिली है, जो प्रायः हमारे मन-मस्तिष्क में उत्पन्न होती हैं। ढेर सारी पुस्तकों के अध्ययन तथा लेखन से मुझे काफी सहायता मिली। मैं आपके साथ अपने शोध के दौरान मिले अमूल्य अनुभव बाँटना चाहूँगा, जिनसे आपको काफी सहायता मिलेगी। मुझे इसका पूरा-पूरा विश्वास है। आपने सुना होगा कि हम घोड़े को पानी तक ले जा सकते हैं, लेकिन उसे तब तक पानी नहीं पिला सकते जब तक वह प्यासा न हो। इसलिए पुस्तक को पढ़ने से पहले इसके प्रति अपने में ललक उत्पन्न करें।

इस पुस्तक में मैंने यह बताया है कि अधिकांश समस्याएँ विचार-शून्यता के कारण उत्पन्न होती हैं। मैं लोगों के इन वाक्यों पर हैरान होता हूँ—'मेरे पास समय नहीं है', 'मैं बहुत ज्यादा तनावग्रस्त हूँ', 'लोगों के पास न मूल्य हैं, न ही नीतियाँ' आदि-आदि। मेरे विचार में, भारत में ऐसा अच्छा वक्त कभी नहीं आया जैसा वर्तमान में है। यह स्थिति उस गिलास जैसी है, जिसमें आधा पानी है। मेरी राय में यह आधा भरा हुआ गिलास है। कलियुग बीत गया है और रामराज्य चल रहा है।

हमें चीजों को जरा हटकर देखने की जरूरत है। हमें रचनात्मक तथा पहल करनेवाला बनना है और अपनी मानसिक सीमाओं को लाँघना है।

मेरे विचार में, हमारा, हमारे परिवार का, दोस्तों और सहयोगियों का जीवन हिमशैल के समान है। यहाँ मैंने हिमशैल जैसी समस्याओं पर शोध किया है, जिसने मुझे 'टाइटेनिक' के बारे में सोचने पर विवश किया।

हिमशैल हिमनद (ग्लेशियर) के छोर पर तैरता हुआ एक विशाल बर्फ का टुकड़ा है। इसका 14 प्रतिशत भाग ऊपर होता है तथा 86 प्रतिशत भाग (6/7) समुद्र तल के नीचे। अर्थात् जल रेखा की विशिष्ट गुरुत्व शक्ति 0.9 होती है। 'टाइटेनिक' की कहानी इस बर्फ के विशाल खंड का ही परिणाम है। यह खासतौर पर 45 मीटर ऊँचा और 180 मीटर लंबा होता है। यह हिमशैल दस मंजिली इमारत के बराबर ऊँचा हो सकता है। मैं आनेवाले कल की समस्याओं को आज ही सुलझाने के प्रयोजन से टाइटेनिक की कहानी दोहराना चाहूँगा।

सबसे ज्यादा मजबूत बनाए गए टाइटेनिक जहाज के बारे में सोचा गया था कि यह डूब नहीं सकता। इसका संचालक दल जरूरत से ज्यादा आश्वस्त था और इसीलिए हिमशैल के बारे में सतर्क नहीं था, लापरवाह था। जब उन्होंने इसे देखा तब बहुत ज्यादा देर ही नहीं हो गई थी, बल्कि कप्तान ने इस बड़ी समस्या के अचानक उत्पन्न होने पर प्रतिक्रिया दिखाने की बजाय उदासीनता प्रकट की। वस्तुतः, मुनाफा कमाने के कारण जहाज का मालिक चाहता था कि पूरा भरा हुआ जहाज न्यूयॉर्क तक जल्दी-से-जल्दी पहुँच जाए, लगातार चलता रहे। कप्तान ने व्यावसायिक अनुभवों के विपरीत रजामंदी जाहिर की। उसकी रजामंदी समुद्री यात्रा की ऐसी भूल थी, जिसकी बहुत ज्यादा कीमत चुकानी पड़ी। वह दुखीराम बन गया, इसीलिए उसने अपने 'सेफ्टी गार्ड' को नीचे उतार दिया तथा बॉक्स से बाहर आकर सोचना भूल गया। अलग-अलग कंपार्टमेंट की प्लेट को झुकाने का आदेश दे दिया; परिणामस्वरूप टाइटेनिक का एक सिरा भारी हो गया तथा जहाज दो टुकड़ों में बँट गया।

यदि कप्तान शांति और धीरज बनाए रखता तथा हिमशैल से टकराने का निर्णय लेता, क्योंकि जहाज का आगे का हिस्सा बहुत ज्यादा मजबूत होता है, तो कम-से-कम नुकसान होता। कप्तान ने हिमशैल से बचने का निर्णय लिया, परिणाम यह निकला कि जहाज के संवेदनशील हिस्से में बड़े-बड़े छिद्र हो गए।

उन्हीं छिद्रों से होकर पानी जहाज के भीतर घुस गया और एक बहुत बड़ी त्रासदी हो गई।

प्रस्तुत पुस्तक का विषय अपनी गलतियों से सीखना है। साथ ही दूसरों की गलतियों से भी सीखना है। अतः जब आप इस पुस्तक को पढ़ेंगे तो धीरे-धीरे आपको ऐसी अनेक बातें मिलेंगी, जिन्हें आप नोट करना चाहेंगे अथवा उन पर निशान लगाएँगे। यह पुस्तक स्वावलंबन की भावना से जुड़ी है, जिसका प्रतिपादित विषय गहन और व्यापक है।

गाय स्वयं दूध नहीं देती, दूध निकाला जाता है। यही प्रबंधन का मूल सिद्धांत है। इसलिए मैंने टाइटेनिक की कहानी से सीखा है कि जब समस्याएँ खड़ी हो जाएँ, चाहे वे बड़ी हों या छोटी, तो हमें शांति से कार्य करना चाहिए। यदि हम इस पर विचार करने पर समय लेते हैं तब भी इस समस्या से हमें हानि नहीं होगी। इसलिए बाद में बड़ी या अधिक बड़ी समस्याओं से बचा जा सकता है।

किसी भी समस्या को जीवन-मरण का सवाल न बनाएँ। हम सभी को मानसिक बंधन होते हैं। जैसे-जैसे हम बड़े होते हैं, ये बंधन हमारे माता-पिता, शिक्षकों, हालात तथा पर्यावरण द्वारा बाँधे जाते हैं। हम इस विचार के साथ बड़े होते हैं कि किसी भी क्षेत्र में असफलता बुरी बात है। हमें इस कथन तक अपने मानसिक बंधन खोलने होंगे कि कोई भी असफलता मात्र घटना है। असफलता और सफलता कभी नहीं टिक सकतीं। इसी कारण मुझे हिमशैल से प्रेरणा मिली, अर्थात् समुद्र की सतह या जल रेखा के नीचे 'देखने' के लिए 'कल्पना-शक्ति' या 'विजन' का इस्तेमाल किया जाए।

हर असफलता समस्या है और इस बारे में यही देखना चाहिए कि इससे मैं क्या सीख सकता हूँ। विरले ही कोई समस्या हमें मार सकती है। यदि समस्या हमारी जान नहीं ले सकती तो हम चिंता क्यों करें या तनावग्रस्त क्यों होएँ, जिससे हमारी चिंतन-शक्ति धुँधली हो जाती है तथा इसके परिणामस्वरूप और अधिक समस्याएँ उत्पन्न होती हैं?

अन्य मानसिक अवरोध यह प्रश्न है कि मेरी मृत्यु कब होगी? जब मैं यह सवाल अपने सेमिनारों में पूछता हूँ तो प्रतिभागी दाँत निकालने लगते हैं। इनके रटे-रटाए यही जवाब होते हैं—भगवान् जानें! या साठ वर्ष! तब मैं स्पष्ट करता हूँ—यदि आपकी आयु तीस वर्ष है तथा आपको कोई गंभीर बीमारी नहीं है तो 90+10 से 15 वर्ष तक जी सकते हैं, अर्थात् आपकी आयु 75 से 105 वर्ष तक

हो सकती है। मित्रो, यह सच है! अपने चारों ओर नजर घुमाएँ। आप देखेंगे कि हम भारतीय अपने बुजुर्गों से ज्यादा जीवन जीते हैं। अब जब आपकी आयु तीस वर्ष है तो आप साठ वर्ष की आयु में सेवानिवृत्त हो जाएँगे या नौकरी से हटा दिए जाएँगे, पूर्व सेवानिवृत्ति ले लेंगे, आदि-आदि। आप क्या करेंगे? हममें से अधिकांश अपने भावी समय के बारे में नहीं सोचते, न ही कुछ सीखने की या योजना बनाने की कोशिश करते हैं। हम बिना तैयारी किए सेवानिवृत्त हो जाते हैं। हो सकता है, हममें से कुछ लोगों की आर्थिक स्थिति मजबूत हो, लेकिन कल्पना करें कि यदि आपको सेवानिवृत्ति के बाद बीस से तीस वर्ष और जीना है—तब आप क्या करेंगे?

हिमशैल को पुनः देखें। हमारा भविष्य समुद्र की गहराई या पानी के भीतर छिपा है। हमें सिर्फ अपने भविष्य के इस हिमशैल की 'नोक' मात्र दिखाई देती है। जो दिखाई नहीं देता, वह समुद्र के गर्भ में है। लेकिन मुझे विश्वास है कि आप कल्पना कर सकते हैं कि इसका आधार पानी में 'पिरामिड' के समान है। इसलिए 'समस्याओं' से बचने के लिए आप इनके अनुसार अपनी जीवन-यात्रा की योजना क्यों नहीं बनाते?

शतरंज का खेल हिमशैल के समान है। अपने प्रतिद्वंद्वी की अनदेखी चाल से फायदा उठाने के लिए हमें आगे की चाल के बारे में सोचना चाहिए, चाल को भाँप लेना चाहिए। आप जितनी गहराई में और व्यापक रूप से आगे की सोचेंगे, जिंदगी में उतना ही आगे निकल जाएँगे। यही तथ्य 'लाइफ-मैन-शिप' खेल पर लागू होता है। वर्तमान तथा भविष्य की समस्याओं के समाधान के लिए इस पुस्तक को पढ़कर आनंद उठाएँ।

—प्रमोद बत्रा

डाक टिकट और प्रबंधन की अवधारणा

मेरे लिए डाक टिकट दृढ़ता की द्योतक है। इसके पिछले हिस्से पर गोंद लगी होती है और आप जीभ से इसे गीला करके लिफाफे पर चिपकाते हैं, जिसके भीतर आपका अपने पति या पत्नी अथवा माता-पिता के नाम संदेश होता है। यह टिकट तब तक कार्य करता है जब तक संदेश यथास्थान नहीं पहुँच जाता। क्या यह आश्चर्यजनक नहीं है? निश्चित रूप में कुछ टिकट कार्य समाप्त हो जाने के बाद भी अपना मूल्य नहीं खोते। कृपया 'एन्साइक्लोपीडिया ब्रिटानिका' में दी गई जानकारी देखें।*

*** डाक टिकट संग्रह**

डाक टिकट संग्रह टिकट लगे लिफाफों, डाक चिह्न, पोस्टकार्ड तथा डाक डिलीवरी से जुड़े अन्य सामान का अध्ययन है। सन् 1864 में जॉर्ज हर्पिन नामक एक फ्रांसीसी व्यक्ति ने फिलेतली (Philately) शब्द को गढ़ा, जिसने ग्रीक शब्द Philos (प्रेम) तथा ateleia (जो कर-मुक्त है) से इसकी खोज की। डाक टिकट से पत्र निःशुल्क रूप में अन्य व्यक्ति प्राप्त करता है। इस पर कोई टैक्स नहीं लगता।

सर्वप्रथम डाक टिकट सन् 1840 में इंग्लैंड में जारी किया गया। यह टिकट रोलैंड हिल की मानस उपज था। हिल ने इसमें आमूल परिवर्तन किया था। समूचे डाक शुल्क का पहले भुगतान किया जाए तथा निश्चित दर पर ग्रेट ब्रिटेन के भीतर पत्र भेजा जाए, चाहे दूरी कितनी भी हो। उन्होंने प्रत्येक आधे औंस वजन के लिए 1 पेनी शुल्क का सुझाव दिया।

इन टिकटों को तत्काल सफलता मिली। टिकट का काला डिजाइन 1 पेनी तथा नीला डिजाइन 2 पेनी का था। दोनों पर रानी विक्टोरिया का चित्र था। 1 मई, 1840 को जनता के लिए इनकी बिक्री खोली गई।

अपने जीवन में मैंने यही सीखा कि जब हम लोगों के संपर्क में आते हैं तब तीन प्रकार की टिकटें प्राप्त करते हैं तथा देते हैं—

- **सत्त्व (सफेद)**—जब आप मन-मस्तिष्क से आभार एवं खेद व्यक्त करते हैं तथा अन्य लोग आपके प्रति आभार एवं खेद व्यक्त करते हैं।
- **रज (भूरी)**—जब हम इकट्ठे काम करनेवाले लोगों के प्रति तथा दूसरे आपके प्रति शुभकामनाएँ एवं टिप्पणियाँ देते हैं।
- **तम (काली)**—जब आपके मन में ईर्ष्या, क्रोध और प्रतिशोध की भावना होती है अथवा दूसरों के मन में आपके प्रति ऐसी भावनाएँ होती हैं।

अब दिन भर हम सत्त्व, रज और तम गुणोंवाली टिकटें प्राप्त करते हैं तथा देते हैं। महागणेश तथा सुखीराम लोगों के मन में केवल सत्त्व एवं रजोगुणवाली टिकटें चिपकाते हैं तथा मेरे के.एफ.पी.—'क्या फर्क पड़ता' है—नियम के अनुसार काली या तमोगुणी टिकटें मन-मस्तिष्क पर चिपकने नहीं देते।

मित्रो, इस पुस्तक में आपको अपने प्रियजनों और कार्यक्षेत्र में काम करनेवाले सहयोगियों को सत्त्व या सफेद टिकट देने के सैकड़ों तरीके मिल जाएँगे। आपके चारों ओर का माहौल इस पृथ्वी पर स्वर्ग बन जाएगा। जहाँ तक मेरा सवाल है, मैं हमेशा 95 प्रतिशत समय लोगों के साथ बिताता हूँ।

जब कोई आप पर चिल्लाता है तो इसकी वजह उसके मन में आपके प्रति चिपकी रज एवं तम गुणवाली टिकटें हैं। अचानक किसी वास्तविक या गंभीर कारण के बिना वे अपने मन में छिपी भावनाओं का गुबार निकाल देते हैं। नौकरी के दौरान मेरे सात बॉस रहे। उनमें से कुछ बॉस ऐसे थे, जिनके मन में भूरी और काली टिकटें या रजोगुण और तमोगुण थे। जब कभी वे अपनी भावनाएँ उगलते थे, मुझे उनपर तरस आता था तथा मैं उन्हें क्षमा करके भुला देता था। यदि मैं ऐसा नहीं करता तो मैं अड़सठ वर्ष की जिंदगी में यह नहीं सोच पाता कि मुझे 'निर्वाण' मिल गया है, अर्थात् मुझे 95 प्रतिशत या स्थायी आनंद मिल गया है।

□

भाग-1

आनेवाले कल की समस्याएँ आज ही सुलझाएँ।

1

मूल्यों को विकसित करें

मनुष्य इस सृष्टि की सुंदर रचना है। उसमें बाह्य सौंदर्य के साथ-साथ आंतरिक सौंदर्य भी निहित है। मैं आपको आंतरिक सौंदर्य की अच्छाइयों के बारे में बताना चाहता हूँ। यह आंतरिक सौंदर्य किसी व्यक्ति के वास्तविक सौंदर्य को चारों ओर फैलाता है। इससे मिलनेवाले आनंद का मात्र हम अनुभव कर सकते हैं। इसका आनंद शब्दों की सीमाओं से परे है—अर्थात् गूँगे केरि सरकरा, बैठि-बैठि मुसकाइ।

यह दुनिया अपराध और अपराधियों से भरी पड़ी है। लेकिन यदि हमारा ध्यान किसी व्यक्ति के भीतरी सौंदर्य की ओर आकर्षित होता है तो हमें उसके व्यक्तित्व के सागर में खूबियों के अनेक द्वीप दिखाई देंगे। विशेषतः ऐसे व्यक्तियों का जीवन विशिष्टताओं से भरपूर दिखाई देगा, जिनका लक्ष्य प्रत्येक व्यक्ति को हर्षोल्लास एवं आनंद देना है। इसमें उनका अपना जीवन भी शामिल है। मूल्य—मेरे विचार में, सुबह नींद से जल्दी उठनेवाले व्यक्ति के पास कार्य करने के अनेक तरीके होते हैं। और जब वह यह निर्णय ले लेता है कि उसे क्या करना है तथा वह वही करता है, जो स्वयं उचित समझता है, तब यही फैसला 'मूल्य' का रूप ले लेता है।

जब व्यक्ति इन मूल्यों को अपने कार्यों में कार्यान्वित करता है, तब ये मूल्य व्यक्ति का चरित्र बन जाते हैं। चूँकि कोई व्यक्ति प्रत्येक मूल्य को सही मायनों

में नहीं अपना सकता, इसलिए कोई भी व्यक्ति 'पूर्ण या आदर्श मनुष्य' नहीं बन सकता है। अपने शोध कार्य में मैंने यही पाया है।

मेरी राय में, मूल्यों के अनुसरण का लक्ष्य अपनी दृष्टि में पूर्ण व्यक्ति बनना है, न कि आदर्श व्यक्ति। मैं अपनी तुलना 'स्वयं' से करता हूँ। और जब मैं आत्म-विश्लेषण करता हूँ तथा स्वयं को बेहतर स्थिति में पाता हूँ, तब खुद को शाबाशी देता हूँ या गलती होने पर खुद को चपत लगाता हूँ।

सरल शब्दों में, मूल्य का अर्थ अच्छी आदतों का विकास, सही निर्णय लेना या मार्ग चुनना अथवा लालसा से दूर रहना है। जब हम ऐसा कर लेते हैं तब हमें अधिक खुशी और संतुष्टि मिलती है।

1. बुद्धिमानी

व्यक्ति को बुद्धिमत्ता हासिल करनी होती है तथा साथ ही उसका समझदार होना भी जरूरी होता है। बुद्धिमत्ता का अर्थ गलत-सही की पहचान तथा सही कार्य करना है। यही व्यक्ति की सहज बुद्धि है। बुद्धिमत्ता सही निर्णय लेते हुए प्रत्येक स्थिति का विशिष्ट ढंग से सामना करने की क्षमता है। कैसे? अधिक-से-अधिक अनुभव, अज्ञानता के ह्रास तथा सोचकर, पूछकर एवं करके आप ऐसी क्षमता हासिल कर सकते हैं। इससे आपके मन-मस्तिष्क में 'विचार-कोष' तैयार हो जाता है।

प्रबंधन के क्षेत्र में इसे जीवन-यात्रा के 'प्रत्यक्ष अनुभव से प्रबंधन' कहा जाता है। छोटे-छोटे अनुभवों के संचयन या संग्रह से आप स्थिति पर विचार करने तथा उसे समझने में समर्थ हो जाते हैं। इन अनुभवों के संगम से ही सहज बुद्धि (common sense) उत्पन्न होती है।

बुद्धिमत्ता में ऐसी जानकारी का उपयोग समाहित है, जो आपने जीवन के प्रत्यक्ष अनुभवों से संचित की है। आप लोगों के साथ बरताव करते समय, स्थितियों का सामना करते समय, विकल्प चुनते समय, न्याय करते समय अनुभव या जानकारी हासिल करते हैं। बुद्धिमत्ता आपके दिनों को कई गुना करके जीवन के वर्षों में बढ़ोतरी करती है। इससे आपको सर्वाधिक लाभ मिलेगा।

बुद्धिमत्ता तभी सार्थक होती है, जब हम अर्जित ज्ञान को व्यवहार में लाते हैं, न कि उसका प्रदर्शन करते हैं। हम विनम्रतापूर्वक जीवन जीते हैं। बुद्धिमानी हमारे जीवनयापन के तरीके से जुड़ी है, न कि बात करने के तरीके से। बुद्धिमानी

से आप ऐसे लोगों के जीवन में बदलाव ला सकते हैं, जो आपसे जुड़े हैं। बुद्धिमान वही व्यक्ति है, जो अपनी समस्याएँ अपनी बुद्धि के बल पर सही निर्णय लेकर सुलझाता है। बुद्धिमत्ता समझदारी ही है, जो व्यक्ति जीवन के अनुभवों तथा अपने आस-पास के परिवेश पर विचार करने से हासिल करता है। यह समझदारी इतना विशिष्ट तथा असाधारण रूप ले लेती है कि यह दुनिया इस गुण को बुद्धिमत्ता कहने लगती है।

बुद्धिमत्ता ज्ञान का सही इस्तेमाल है। इस ज्ञान का सही इस्तेमाल कैसे किया जाए? इसका जवाब बड़ा आसान है। बुद्धिमत्ता में मात्र 'जानना' ही शामिल नहीं है, बल्कि विश्वास और कर्म भी शामिल है। बुद्धिमत्ता से हमें सोच-समझकर तथा आकर्षक ढंग से बोलना आता है।

बुद्धिमान व्यक्ति केवल कथनी से ही नहीं बल्कि करनी से लोगों तक बुद्धिमत्ता पहुँचाता है। यदि आप सभी तक उल्लिखित तथ्यों और पहलुओं का प्रत्यक्ष (अपनी क्रियाओं में) अनुभव करना चाहते हैं तो एम.एस. ओबरॉय की पुस्तक 'डेयर टू ड्रीम' पढ़ें तथा ओबरॉय होटल जाएँ या ठहरें।

बुद्धिमत्ता क्या है? बुद्धिमान व्यक्ति जान लेगा कि उसे कब इनसाफ करना है तथा कब दयालु होना है या विवेक से काम लेना है। हमें यह ध्यान रखना चाहिए कि न्याय और कुछ नहीं बल्कि इसके पीछे प्रतिशोध लेने की आदिम या मूल इच्छा होती है। बुद्धिमत्ता, न्याय या विवेक दरशाने के लिए यहाँ एक कहानी दी जा रही है।

एक बार एक डॉक्टर ने ऐसे बच्चे की बहुत कठिन सर्जरी की, जिसे साँस लेने में तकलीफ हो रही थी। गले में ट्रैकोटॉमी ट्यूब लगाई गई। इसके बाद डॉक्टर आराम करने के लिए अपने कमरे में चला गया।

सुबह तीन बजे प्रशिक्षु नर्स भागती हुई आई।

"डॉक्टर, जल्दी आइए।" ट्यूब रुक गई थी या बंद हो गई थी और यह नर्स की ड्यूटी थी कि वह ट्यूब साफ करे; लेकिन बच्चा मर चुका था। डॉक्टर ने रिपोर्ट लिखी, तथ्यों का वर्णन किया और आराम करने चला गया।

अगली सुबह नर्स को बुलाया गया और डॉक्टर ने बताया, "आपको नौकरी से हटाया जा रहा है।"

नर्स चुपचाप सुनती रही। उसका सिर शर्म से झुका हुआ था। लेकिन नर्स की चुभनेवाली चुप्पी से डॉक्टर परेशान हो गया था।

डॉक्टर ने कहा, "क्या तुम्हें कुछ नहीं कहना?"

नर्स धीरे से बोली, "प्लीज, मुझे एक और मौका दिया जाए।"

डॉक्टर हैरान था। उसके दिमाग में बस एक ही खयाल घूम रहा था कि नर्स को उसके किए की सजा मिलनी ही चाहिए।

डॉक्टर ने उसके अनुनय पर विचार किया तथा उसके मन में यह समझ उपजी कि यहाँ बुद्धिमत्ता का इस्तेमाल किया जाए। उसने नर्स को एक और मौका दिया। उस दोषी नर्स ने आगे चलकर एक बड़े और प्रसिद्ध अस्पताल में मैट्रॉन के रूप में बीस वर्ष तक सेवा की।

निर्णय लेते समय आप बदला लेना चाहते हैं या विवेक से काम लेंगे?

2. निष्ठा

कोई व्यक्ति निष्ठावान् तब होता है जब उसे मान-सम्मान मिलता है तथा लोग उसपर भरोसा करते हैं। निष्ठावान् व्यक्ति वचन निभाता है और अपनी मान-मर्यादा एवं प्रतिष्ठा पर आँच नहीं आने देता। किसी व्यक्ति को निष्ठावान् कहना बहुत ज्यादा सम्मान-सूचक समझा जाता है। ऐसा व्यक्ति सही और गलत में अंतर कर सकता है तथा पूरे मनोवेग से सही कार्य करने का प्रयत्न करता है, भले ही उसके मार्ग में कितनी भी रुकावटें आएँ तथा उसे कोई भी कीमत क्यों न चुकानी पड़े।

व्यक्ति तभी पूर्ण मनुष्य बनता है, जब वह अपने कार्यों को परस्पर जोड़ता है। वह ऐसी कोई गुंजाइश नहीं छोड़ता, जिससे उसकी प्रतिष्ठा पर आँच आए। निष्ठा व्यक्ति का सरल गुण है। अर्थात् जो आप कहते हैं, वास्तव में आप वही हैं और आप वही कर रहे हैं, जो आप कहते हैं। आप अपनी बात रखते हैं।

जो व्यक्ति अपने विचारों के अनुसार जीना चाहता है, वह हमेशा चाहेगा कि उसकी समाधि पर ये शब्द लिखे जाएँ या मरने के बाद लोग उसके बारे में कहें—'पूरी तरह से निष्ठावान्'। यह मूल विचार है, लक्ष्य है। हमें हमेशा अपने लक्ष्य पर नजर रखनी चाहिए। हम इस लक्ष्य से प्रतिदिन तथा लंबे समय तक चलनेवाली क्रियाओं के दौरान विश्लेषण कर सकते हैं। निष्ठा व्यक्ति का अंतर्मन दरशाती है, क्रियाओं का मूल प्रयोजन दरशाती है। इसमें हमारी क्रियाएँ, वाणी, प्रयोजन तथा कर्म—सबकुछ शामिल है। समझदार व्यक्ति भीतर तथा बाहर—दोनों रूपों में निष्ठावान् होता है।

निष्ठा और जिम्मेदारी दोनों गुण साथ-साथ चलते हैं। निष्ठावान् व्यक्ति जिम्मेदारी उठाता है। 'मैं गलत था/थी या मुझे मदद की जरूरत है' जैसे शब्द उसकी कमजोरी नहीं होते हैं, बल्कि ये शब्द मजबूत व्यक्ति बनने के सोपान हैं।

हम जीवन भर स्वयं में सिमटकर (प्रकृतिस्थ) जीवन बिताते हैं। और जब हम निष्ठा, प्रतिबद्धता एवं क्रिया जैसे जीवन-मूल्यों के प्रति कटिबद्ध होते हैं तब सही मायनों में पुरुषार्थ हासिल करते हैं।

माँ-बाप अपने कार्यों से बच्चों को निष्ठा का पाठ पढ़ा सकते हैं, न कि उपदेश देकर। माँ-बाप सम्मानजनक ढंग से कार्य करके निष्ठा की मिसाल कायम करते हैं। चाहे कोई सामने हो या न हो, वे केवल सही कार्य करते हैं; जबकि अन्य लोग ऐसा करने से मना कर देते हैं। बच्चे इन उदाहरणों से प्रेरणा लेते हैं। निष्ठावान् व्यक्ति अपनी ही दृष्टि में ऊपर उठता है। वह बचपन में अपनाए गए कार्य करने के तरीके के बारे में जीवन में बिना सोचे-समझे प्रतिक्रिया नहीं करता। यह स्थिति आजीवन धैर्य बरतने के परिणामस्वरूप उत्पन्न होती है। धैर्य जीवन का अन्य महत्त्वपूर्ण मूल्य है। ऐसे व्यक्ति में आकाश को छूनेवाला अहंकार नहीं होता। यह कोई नहीं कह सकता कि निष्ठा हासिल करना सरल कार्य है, क्योंकि कोई भी मूल्य अर्जित करना आसान नहीं है। अकसर मूल्य को जीवन में ढालते समय काफी दबाव पड़ता है, लेकिन अंत में वह संघर्ष बेकार नहीं जाता।

निष्ठा की कसौटी यही है कि दबाव पड़ने पर व्यक्ति क्या करता है। वह गलत रास्ता चुनने का बहाना बनाकर निष्ठा से समझौता कर लेता है या सही कार्य करता है, भले ही उसके मार्ग में अनेक विपत्तियाँ या बाधाएँ आएँ? अकसर, जब ऐसे व्यक्ति विवेक का इस्तेमाल नहीं करते तथा संगति के प्रति उदासीन रहते हैं तब बुरी संगति के प्रभाव के कारण उनकी निष्ठा भ्रष्ट हो जाती है।

सरल शब्दों में, निष्ठावान् व्यक्ति वही है, जो अपना वचन निभाता है। वह ऐसा मनुष्य होता है जिस पर भरोसा किया जा सकता है। जब वह वचन देता है, आप उस पर भरोसा कर सकते हैं। उसके शब्द हितकर होते हैं।

3. धैर्य

धैर्य, मूल्य किसी हद तक बुद्धिमत्ता और निष्ठा पर निर्भर करता है। धैर्य ऐसा मूल्य है, जिसे बनाए रखना तथा व्यवहार में लाना ज्यादा मुश्किल है। इसका कारण हमारी मानसिक बाधाएँ हैं। धैर्य अर्जित करने तथा अभ्यास में लाने के लिए

इन बाधाओं को दूर करना है। हम ऋतुओं के चक्र से प्रेरणा ले सकते हैं। जब हम गेहूँ बोते हैं तो तीन माह के बाद फल आ जाता है, लेकिन जब आम का पेड़ लगाते हैं तब पाँच वर्ष बाद आम मिलते हैं। लेकिन ठहरें—हमें अगले सौ वर्ष तक आम मिलते रहेंगे, जबकि गेहूँ एक मौसम में एक बार मिलता है। खेती-बाड़ी धैर्य सीखने का श्रेष्ठ तरीका है। किसान फसल पाने के लिए जमीन से लंबे समय तक आस लगाए रहता है, बारिश की धैर्य से प्रतीक्षा करता है।

अब, यदि आप किसी कंपनी में काम कर रहे हैं या आपका अपना व्यवसाय है तो धैर्य से प्रतीक्षा करना सीखें तथा अपने कार्यों पर पूरा भरोसा रखें।

शक्तिशाली होने की तुलना में धैर्यवान् होना बेहतर है। अधीर होकर मार्ग भटकने की तुलना में आत्मसंयम बेहतर है। कभी भी श्री मनमोहन सिंह की सफलता की गाथा न भूलें, जिन्होंने गाँव के स्कूल से शुरुआत की और अंत में भारत के प्रधानमंत्री पद तक पहुँचे। वे हमेशा, हर मोड़ पर 'कर्म' करते रहे, यहाँ तक कि जब उन्होंने कांग्रेस पार्टी में शामिल होने का निर्णय लिया तब भी कर्म पर अडिग रहे। चरित्र, नेकनामी तथा प्रतिष्ठा अनेक वर्षों से उनके व्यक्तित्व का अभिन्न अंग रहे। उन्होंने ईर्ष्या, क्रोध और प्रतिशोध पर अंकुश लगाकर बुद्धिमत्ता, निष्ठा तथा धैर्य जैसे मूल्यों एवं गुणों का विकास किया।

समस्याएँ संभावनाओं में बदल सकती हैं। सोनिया गांधी और मनमोहन सिंह दोनों में इतना धैर्य दिखाई दिया है जितनी कि पानी में ठंडक होती है। याद रहे, ऐसा अकसर नहीं होता तथा इसीलिए आजीवन सबसे ज्यादा कठोर तथा अमल में लानेवाला शब्द 'प्रतीक्षा' सुनना पड़ता है। पूरी ईमानदारी से प्रतीक्षा करने से ही धैर्य विकसित होता है।

आज की दुनिया में अधिकांश लोग छोटी-छोटी बातों पर अपना धैर्य खो बैठते हैं। इससे तनाव व क्रोध, अल्सर, सिरदर्द तथा हृदय में पीड़ा जैसी समस्याएँ उत्पन्न होती हैं।

गरिमामय विकास की प्रक्रिया ही धैर्य है और धैर्य से चरित्र का विकास होता है। अकसर प्रतीक्षा करना कठिन होता है और इसीलिए हम आसानी से धैर्य रखना सीख नहीं पाते। धैर्यवान् व्यक्ति में गहन समझ-बूझ होती है, लेकिन चिड़चिड़ा व्यक्ति जल्दी ताव खा जाता है। राम और लक्ष्मण से मुझे समझ-बूझ तथा गुस्से पर नियंत्रण रखने के लिए धैर्य बरतने की प्रेरणा मिली।

विकास की प्रक्रिया जीवनपर्यंत चलती रहती है। समझदारी तब जाहिर होती

है, जब हम शांति से तथा बुद्धिमानी से स्थितियों और समस्याओं के बारे में प्रतिक्रिया करते हैं। समझदार व्यक्ति प्रत्येक दिन का धैर्य, शांति एवं आत्मविश्वास से सामना करता है। धैर्य के संबंध में मैं हमेशा जॉन मिल्टन से प्रेरित हुआ। जब उनकी आँखों की ज्योति चली गई तब उन्होंने यह निष्कर्ष निकाला, 'जीवन में वही टिके रहते हैं, जो केवल धैर्यपूर्वक प्रतीक्षा करते हैं।'

धैर्य रखना सीखें, प्रतीक्षा करें।

4. ईमानदारी

सबसे अधिक महत्त्वपूर्ण मूल्य है ईमानदारी। बेईमानी दो व्यक्तियों के बीच दीवार खड़ी कर देती है। केवल सत्य के कुठाराघात से ही यह दीवार गिर सकती है।

अड़सठ वर्ष की जिंदगी के अपने अनुभवों के बारे में मैं आपसे बातचीत करना चाहता हूँ। उपर्युक्त पंक्तियाँ दोबारा पढ़ें। ये फिल्में दोबारा देखें—'मैं हूँ ना' और 'कोई मिल गया'। 'महाभारत' की कथा याद करें, जिसमें दुर्योधन एवं अर्जुन श्रीकृष्ण की सहायता तथा मार्गदर्शन माँगते हैं। उनके बीच परस्पर स्थायी विश्वास पनपा था। दोनों ही अपने-अपने मूल्यों के प्रति सही थे। अर्जुन ने ईमानदार व्यक्ति से संबंध जोड़ा, जबकि दुर्योधन के साथ कर्ण और शकुनि जैसे व्यक्ति थे, जिनके अपने ही नियम-कानून थे।

चोरी न करने या झूठ न बोलने की तुलना में ईमानदारी अधिक जटिल है। यह इससे कहीं अधिक है। इस मूल्य में इसमें लोगों के साथ बरताव करते समय हर दृष्टि से सत्य और निष्ठा का भाव निहित है। ईमानदार व्यक्ति वह नहीं है जो कभी झूठ नहीं बोलता, क्योंकि दुनिया में ऐसा कोई व्यक्ति हो ही नहीं सकता! जब ईमानदार व्यक्ति का झूठ पकड़ में आ जाता है, तब वह जल्दी से झूठ स्वीकार कर लेता है तथा इसके बाद सच्चाई बता देता है। वह अपनी गलतियाँ स्वीकार करने तथा क्षमा माँगने से नहीं हिचकता।

ईमानदारी सर्वश्रेष्ठ जीवन नीति है, लेकिन इसके साथ-साथ थोड़ी सी समझ-बूझ भी होनी चाहिए। ईमानदार व्यक्ति श्रेष्ठ इनसान होता है, इसीलिए पहले जमाने में चिकित्सा, शिक्षण और नर्सिंग जैसे कुछ व्यवसाय श्रेष्ठ समझे जाते थे। जब व्यक्ति झूठ बोलने लगता है तब वह श्रेष्ठ नहीं रहता, क्योंकि वह स्वयं के प्रति ईमानदार नहीं रहता। आज की दुनिया में, प्राचीनकाल के व्यवसाय की

तुलना में कभी-कभी विक्रय क्षेत्र अधिक श्रेष्ठ हो सकता है। प्रत्येक व्यक्ति को स्वयं यह फैसला लेना होता है कि वह कितना ईमानदार हो सकता है तथा उसे कितना ईमानदार होना चाहिए! हम उस समय स्वयं को श्रेष्ठ समझ सकते हैं, जब हम निर्दयतापूर्वक अपने मित्रों को उनकी गलतियों के बारे में बताते हैं; लेकिन मेरे विचार में, हमें बड़ी चतुराई से ईमानदारी को व्यवहार में लाना चाहिए।

मैंने अपनी ईमानदारी को अपनी दृष्टि में स्वयं के बारे में लिये गए निर्णय के अनुसार आँका है। हाँ, मैंने दूसरों की नजरों मे हीरो बनने की कोशिश की है। ईमानदारी में झूठ का अंश नहीं होता है, थोड़ी सी चतुराई होती है तथा जब कोई व्यक्ति अपना अपराध स्वीकार कर लेता है तब उसे क्षमा करने की प्रवृत्ति होती है।

जब हम अपने दैनिक जीवन में बुद्धिमत्ता, धैर्य, निष्ठा और ईमानदारी जैसे मूल्य ढाल लेते हैं, तब अपने मित्रों तथा सहयोगियों के विश्वासपात्र बन जाते हैं। अंत में हम 'ईमानदार मनुष्य' की उपाधि हासिल कर लेते हैं। मैं लंबे अरसे से ऐसे ईमानदार व्यक्ति की तलाश में हूँ। मुझे आज तक ऐसा व्यक्ति नहीं मिल पाया; क्योंकि मैंने जितना अधिक किसी व्यक्ति के बारे में सूक्ष्म अध्ययन किया है, उसके जीवन के अँधेरे पक्षों से परदा उठता चला गया। मेरे आज तक के जीवन में ऐसा ईमानदार व्यक्ति केवल एक बार आया था। उस व्यक्ति से मैंने कुछ फल खरीदे। मैंने उसे 5 रुपए का एक नोट दिया, जबकि उसके अनुसार मुझे 2.75 रुपए देने थे। उसने मुझे 2 रुपए का नोट दिया। मैं जल्दी में वहाँ से मुड़ने लगा, तभी उसने नम्रतापूर्वक एक मिनट रुकने के लिए कहा! उसने मुझे चवन्नी लौटाई। उसकी आँखों में चमक थी। वह बोला, ''बाबूजी, हलाल की खानी चाहिए, हराम की नहीं!''

5. विनय

विनय तथा सादगी ऐसे मूल्य हैं, जो बुद्धिमत्ता, निष्ठा, धैर्य, ईमानदारी और विश्वास जैसे मूल्यों के बाद व्यक्ति के जीवन में अपना स्थायी स्थान बनाते हैं। मैं इस निष्कर्ष पर पहुँचा हूँ कि आज मैं सफलता और आनंद के जिस लक्ष्य तक पहुँचा हूँ उसका श्रेय ईश्वर, मेरे माता-पिता, मेरे परिवेश और परिस्थितियों को जाता है, जिन्होंने मेरे इन गुणों एवं मूल्यों को अर्जित करने तथा वर्षों तक इनके विकास में सहायता की। मैंने सहज बुद्धि से यह जाना कि घमंड या अहंकार

नकारात्मक प्रवृत्ति है तथा विनय या नम्रता सशक्त प्रवृत्ति है। इसीलिए कहा जाता है—

लघुता से प्रभुता मिले, प्रभुता से प्रभु दूरि।
चींटी शक्कर ले चली, हाथी के सिर धूरि॥

मैं सहज बुद्धि से यह जानता हूँ कि मनुष्य प्रकृति से ही आत्मकेंद्रित है और मुझे आम आदमी से ऊपर उठना है, जो सबकी नजर में उठे तथा उसे सबकी सराहना मिले।

विनय के मार्ग में सबसे बड़ी बाधा घमंड है। व्यक्ति को घमंड क्यों होता है? आप जानते हैं कि आपको मिलनेवाली सफलता का आधार आपके अच्छे कर्म हैं। आप लगातार अच्छे कार्य करते रहते हैं। आप सहिष्णुता बनाए रखते हैं। आप खुद को सही करते रहते हैं। इस दौरान अनेक लोग आपकी मदद करते हैं। इस प्रकार से अर्जित बुद्धिमत्ता से आपको यह एहसास होता है कि घमंड या अहं भाव का अंततः विनाश होता है। और नम्रता एवं सादगी से आप सम्मानित तथा ईमानदार व्यक्ति बनते हैं—आपको जीवन काल में ये दो खिताब पाने होते हैं। इसके बाद वही स्थिति आ जाती है कि पहले चूजा आया या अंडा?

आपकी अपनी दृष्टि है, आपकी अपनी दिशा है तथा आपका ध्यान उस पर केंद्रित है। बस, अब आपको आगे-ही-आगे बढ़ते जाना है। आपके जीवन में कहीं अँधेरा नहीं आएगा।

किसी को यह नहीं भूलना चाहिए कि जब कोई व्यक्ति जिंदगी में कुछ हासिल करता है तो यह कुछ वर्षों का नहीं, बल्कि अनेक वर्षों का परिणाम होता है। जब मैं बृजमोहन लाल मुंजाल का नाम लेता हूँ तो इस नाम के दर्जनों व्यक्ति हो सकते हैं, जो अपने मन की ताल या उमंग को सुनकर ही प्रेरित हुए।

बृजमोहन लाल मुंजाल विनम्र एवं सीधे-सादे व्यक्ति हैं। एस्कॉर्ट हार्ट इंस्टीट्यूट में मैं उनसे अनेक बार मिला। वह जानते हैं कि उन्होंने कठोर संघर्ष करने के बाद इतना सबकुछ पाया है। वे यह भी जानते हैं कि वे अकेले ही इतना सबकुछ नहीं कर सकते—विनम्रता और सादगी जैसे गुणों के बलबूते पर ही यह सब हो पाया। वह अपने परिवार, अपने मित्रों तथा साथियों को जानते हैं। उनके कामगार उनकी मदद करने के लिए आगे आए; उन्होंने विश्वासपात्र बनकर उन लोगों को प्रेरित किया।

सच्चे अर्थों में नम्रता स्वयं को यह समझाना नहीं है कि आपका कोई मूल्य नहीं, बल्कि अपने भीतर ईश्वर की रचना को पहचानना है। आप जो भी हैं, उस ईश्वर की कृपा से हैं। भगवत् कृपा से ही आपकी क्षमताओं का विकास होता है। ये श्री मुंजाल के शब्द नहीं हैं, बल्कि जब मैं भी उनकी ओर से ये शब्द बोलता हूँ, तब उनके जानकार या परिचित भी इससे सहमत होंगे। जब तक विशाल, मजबूत पेड़ नहीं गिर जाता तब तक 'हईशाऽऽ, हईशाऽऽ जोर लगा के हईशाऽऽ' कहते हुए अपनी सारी ताकत लगाना आपकी नम्रता है; कभी-कभी या बीच-बीच में नहीं, बल्कि कुल्हाड़ी के हर प्रहार पर जोर लगाना है।

व्यक्ति को ये मूल्य विकसित करने हैं तथा उसे यह जानना है कि बीस-तीस वर्ष तक प्रतीक्षा किसी सफलता की गाथा के संघर्ष तथा हर्षोन्माद, सुख-दुःख का हिस्सा है। सफलता की गाथाएँ पढ़ें और आप इससे भली-भाँति विदित हो जाएँगे कि आपकी सफलता तथा संतुष्टि को बढ़ावा देने में कौन सी गाथा उत्प्रेरक होगी।

हर्ष गोयनका की नम्रता

प्रतिष्ठित व्यवसायी श्री हर्ष गोयनका बताते हैं कि बचपन में उत्पन्न हुए मूल्य किस प्रकार से आगे चलकर पथ प्रशस्त करनेवाला 'दीपक' बन गए।

ग्यारह वर्ष की आयु में मैं स्कूल जाता था। एक दिन मैं जन्मदिन की एक पार्टी में गया था और वह भी इसलिए, क्योंकि यह परिवार के किसी मित्र की पार्टी थी। आम तौर पर हमें भाइयों के अलावा किसी अन्य के साथ बाहर जाने की इजाजत नहीं थी। आज मुझे बचपन की इस बात पर दुःख होता है। क्योंकि इससे बाहरी दुनिया के साथ तारतम्य बिठाने में समय लगता है। हर चीज जितनी सुंदर और सरल दिखाई देती है उतनी सुंदर और सरल नहीं होती। हमें शुरू से ही मुसीबतों का सामना करना चाहिए।

हम सादा और कठोर जीवन बिताते थे। पाँचवीं कक्षा तक मुझे एक महीने का पच्चीस पैसे जेब खर्च मिलता था। बाद में चालीस पैसे कर दिया गया। उसके बाद तब पाँच रुपए जब मैं स्कूल के अंतिम तीन वर्षों में पढ़ता था। कॉलेज में मुझे एक महीने के पचास रुपए दिए जाते थे। हम दस पैसे की ऑरेंज आइसक्रीम खाते थे और माह में पाँच आइसक्रीम खा सकते थे। लेकिन वनिला आइसक्रीम नहीं खा सकते थे, क्योंकि वह अधिक महँगी थी।

इससे हमने पैसे की कद्र करनी सीखी। यह भी समझा कि हमें अपनी चादर के भीतर ही पैर पसारने चाहिए। हमें न तो आडंबर करना चाहिए और न ही बहुत अधिक माँग। निश्चित रूप से हम देखते थे कि हर कोई स्कूल में बहुत ज्यादा खर्च करता था। मैंने अपने बच्चों को किसी चीज से वंचित नहीं रखा, लेकिन उन्हें बिगड़ने भी नहीं दिया। मुझे याद नहीं कि मैंने अपने बेटे अनंत को कभी ब्रांडवाली शर्ट दी हो, यहाँ तक कि वह बीस वर्ष का हो चुका था और उसके दोस्त अरमानी या हिलफिगर की शर्ट्स पहनते थे। जब मैंने उसे ऐसी शर्ट दी, तब भी उसने वह शर्ट लौटा दी। यदि मैं उसे महँगी घड़ी देता था तो वह उसे नहीं पहनता था, क्योंकि वह सोचता था कि लोग क्या कहेंगे। एक बार हमें जयपुर में शादी का निमंत्रण मिला। मैंने उसे बताया कि ऑफिस की कार उसे लेने आएगी; लेकिन उसने उसकी बजाय थ्री-व्हीलर या कैब लेने का आग्रह किया। वह पैसे का महत्त्व जानता है तथा यह समझता है कि उसे क्या करना चाहिए। परिवार के सभी बच्चे समझते हैं कि उन्हें खर्च करने के लिए धन कमाना है। जबकि अमीर घराने के कुछ बच्चे बिगड़ जाते हैं।

मैं विनम्रता में विश्वास करता हूँ। चीनी कहावत है कि 'बाँस का पेड़ जितना ऊँचा होगा उतना ही झुकेगा।' अर्थात् फलों से लदा पेड़ हमेशा झुका रहता है। विनम्रता का यही सार है कि जो लोग अपने क्षेत्र में पराकाष्ठा या शिखर पर पहुँच जाते हैं, उन्हें सबसे ज्यादा विनम्र होना चाहिए। मैंने हमेशा इस उक्ति का अनुसरण करने की कोशिश की और बच्चों को भी यही सिखाया है।

6. दृढ़ता

महान् कार्य बाहुबल या शक्ति से नहीं किए जाते, बल्कि दृढ़ता से किए जाते हैं। दृढ़ता क्या है? सरल शब्दों में, यह बार-बार प्रयत्न करने तथा कोशिश बीच में न छोड़ने की प्रवृत्ति है। हमारी जिंदगी में ऐसी अनेक घटनाएँ होती हैं, जिन पर हमारा नियंत्रण नहीं होता। फिर भी, यह हम पर निर्भर करता है कि हम धैर्य से कई बार प्रयत्न करते रहते हैं या हारकर प्रयास करना छोड़ देते हैं। विश्वास तथा ईमानदारी से सहनशीलता उत्पन्न होती है और तब मन की दृढ़ता से ही कामयाबी मिलती है। इसीलिए कहा जाता है कि 'मन के जीते जीत है, मन के हारे हार।'

व्यक्ति की सफलता की गाथा में दृढ़ता के महत्त्व को खूबसूरती से दरशाने

के लिए मेरे मन-मस्तिष्क में एक नाम उभरता है—एस्कॉर्ट के एच.पी. नंदा, जो एस्कॉर्ट और डी.सी.एम. को खरीदने एवं उसका कार्यभार सँभालने में कामयाब रहे थे। डी.सी.एम. ने लगभग इस तथ्य को स्वीकार कर लिया था कि सब खत्म हो चुका है; लेकिन श्री नंदा को अपनी बुद्धिमत्ता और सहज बुद्धि पर भरोसा था (किसी व्यक्ति के सबसे महान् गुण)। वह तब तक कोशिश करते रहे जब तक अपने मकसद में कामयाब नहीं हो गए। संभवतः उन्हें यह यकीन था कि कुछ-न-कुछ होगा जरूर और यदि नहीं भी होता तब भी इससे क्या फर्क पड़ता है कि कोई 6 फीट पानी में डूबता है या 600 फीट पानी में।

उनकी दृढ़ता लगातार प्रयत्न करने की बुद्धिमत्ता में दिखाई देती है कि 'परिवर्तन प्रकृति का नियम है'। लोग बदलते हैं, हालात बदलते हैं और ऐसी घटनाएँ घटित होती हैं जिन पर हमारा बस नहीं चलता। इस मामले में एक अन्य मिसाल दी जा सकती है। श्रीमती इंदिरा गांधी की हत्या के बाद राजीव गांधी सत्ता में आए और इस परिवर्तन के कारण व्यवसाय के माहौल में भी बदलाव आया, क्योंकि व्यापार-व्यवसाय के ऐसे द्वार भी खुल गए, जो पहले बंद थे।

- जब सही मिट्टी में बाँस रोपा जाता है तथा सही तरीके से उसे सींचा जाता है और निराई आदि की जाती है, तब पाँच वर्षों तक कुछ भी नहीं होता। धैर्य—धैर्य तब छोटा सा अंकुर दिखाई देता है! अगले 60 दिनों में वह अंकुर 40 फीट ऊँचा बाँस बन जाता है।

  धीरे-धीरे रे मना! धीरे सबकुछ होय।
  माली सींचे सौ घड़े, ऋतु आए फल होय॥

- इसी प्रकार से जब आप किसी विशाल पेड़ पर एक बार कुल्हाड़ी चलाते हैं, तब पेड़ को कुछ नहीं होता। लेकिन बुद्धिमान लकड़हारा बुद्धिमत्ता और अनुभव से जानता है कि उसे बार-बार कुल्हाड़ी चलानी है तथा कुल्हाड़ी की धार नियमित रूप से पैनी बनाए रखनी है।

किसी अन्य मूल्य के समान ही व्यक्ति के लिए दृढ़ता का महत्त्व है। मूल्य 'कला' है, न कि 'विज्ञान', जैसे कि यह जानना कि हमें कब किसी काम को छोड़ना है या नहीं! कब दोबारा प्रयास करना है तथा कितनी बार प्रयास करना है और हमें कब किसी और चीज को आजमाना है या अलग तरीके से, हटकर

कोई काम करना है। यह व्यक्ति का कृत्य तथा विश्वास है।

व्यक्ति का स्वप्न होता है, जिसे वह पूरा करना चाहता है। उसे यह फैसला करना है कि वह कब तक बाधाओं को सह सकता है। उसे कहीं से भी, किसी भी समय पर प्रेरणा मिल सकती है और उसे सिर्फ यही करना है कि उसे सोच-समझकर जिज्ञासु प्रवृत्ति से अलग ताल को सुनना है। और तब इस बारे में कदम उठाना है। वह दु:खद स्मृतियों या घटनाओं को अपनी दूरदर्शिता तथा दिशा पर हावी नहीं होने देता। वह अतीत के दर्पण में यह जानने के लिए झाँकता है कि उसने कितना रास्ता तय कर लिया है तथा भविष्य का सामना करने के लिए अपनी आशाओं से आगे बढ़ने के लिए उसे कितनी दूरी तय करनी है।

व्यक्ति आभार तथा साहस की प्रवृत्ति विकसित करता है, ताकि वह ऐसा कार्य सौंपने के लिए बार-बार उस ईश्वर का आभार व्यक्त कर सके, जिससे उसकी दृढ़ता की परख होती है तथा ऐसा कार्य करते समय उसे आनंद, संतुष्टि एवं संयम की शक्ति मिलती है। निरापद या खाली व्यक्ति ऐसे वरदान या आशीर्वाद का आनंद कदापि नहीं उठा सकता।

संक्षेप में, दृढ़ता का दूसरा सिरा ही साहस है। प्राय: दु:ख या पीड़ा के स्थान पर आनंद को चुना जाता है। यही क्रिया 'धैर्य' है।

7. प्रेम

प्रेम का हमारे जीवन में बहुत महत्त्व है। इसका हमारे स्वास्थ्य पर भी प्रभाव पड़ता है। जब हम यह जान जाते हैं कि हम किसी के प्रिय हैं तब हमारा तन, मन व आत्मा प्रफुल्लित हो उठते हैं। प्रेम से मानव जीवन में सुरक्षा की भावना पैदा होती है और हमारा चित्त शांत हो जाता है। प्रत्येक मूल्य का मूल 'प्रेम' है।

हम सभी ने प्रेम के बारे में बहुत कुछ सुना है, लेकिन हमें तब तक इसका ठीक-ठीक आभास नहीं होता या हम इसे बयाँ नहीं कर सकते जब तक हमें इसका प्रत्यक्ष अनुभव नहीं होता। हमने प्रेम के बारे में बहुत कुछ सुना है। माँ और पुत्र, पिता और पुत्री तथा लड़के और लड़की के बीच प्यार होता है; लेकिन हमें विशाल हिमशैल की मात्र नोक ही दिखाई देती है। मनुष्य हजारों तरीकों से प्रेम की अभिव्यक्ति करता है और यहाँ मैं वृत्तांत सुना रहा हूँ, जिसे स्मरण करके मेरा सिर आदर से झुक जाता है।

- सन् 1962 में मैं पानी के जहाज द्वारा मिनिपोलिस से नई दिल्ली लौट रहा

था। मैं योकोहोमा होटल में ठहरा था। यहाँ पर मेरा परिवार आकर मुझसे मिला। दूसरे दिन मेरे बेटे विजय की नानी हमसे मिलने आईं। सुबह लगभग 11 बजे वह बाहर की ओर जा रही थीं। मैं देखकर हैरान रह गया। मैंने अपनी पत्नी से पूछा कि वह अचानक क्यों चली गईं? पत्नी ने मुसकराते हुए जवाब दिया कि विजय के लिए नरम टॉयलेट टिश्यू लाने के लिए बाजार गई हैं। होटल का टॉयलेट बहुत ज्यादा खुरदरा है। इससे छह माह के नन्हे-मुन्ने लाड़ले को तकलीफ होगी। अड़सठ वर्ष की आयु में भी मैं उस घटना को नहीं भुला पाया हूँ। मैं हमेशा हैरान होकर खुद से सवाल करता हूँ—'क्या मैं भी उनके जैसा दादा हूँ'?

हो सकता है, किसी दिन मेरे पोते-पोती, नाती-नातिन ऐसी घटनाओं के लिए मुझे याद करें और मैं यह महसूस करूँ कि ईश्वर ने मुझे वरदान दिया है।

मैं विजय को लेकर हैरान हूँ—क्या वह भी बदले में ऐसा ही करेगा? करेगा तो कहाँ तक? मैं अभी तक नहीं जान पाया।

- प्रेम की ऐसी ही एक और मिसाल है, जिसे याद करके मैं गद्‌गद हो जाता हूँ। यह पति और पत्नी को लेकर लिखी गई ओ. हेनरी की एक कहानी है। एक वृद्ध दंपती हैं, जो दुनिया के अन्य पति-पत्नी के समान ही जीवन जी रहे हैं। क्रिसमस का त्योहार आने वाला है। दोनों ही एक-दूसरे के लिए उपहार चुनने के सपने देख रहे हैं। वे ऐसा उपहार देना चाहते हैं, जिससे उनके मन में बसे प्यार या चाह का अथाह सागर प्रकट हो। क्रिसमस से एक दिन पहले पत्नी ने खुशी-खुशी पति को बताया कि वह उसके लिए ऐसा उपहार लाई है, जिसे वह दिन में कई बार देखेगा। वह ऐसी वस्तु थी जो उसे सबसे अधिक प्रिय थी। उसने पूछा कि क्या वह अभी भी उससे उतना ही प्यार करेगा?

पति उलझन में पड़ गया। सोचते हुए उसने कहा कि वह भी उसके लिए ऐसा उपहार लाया है, जिसे वह दिन में कई बार देखेगी। और फिर बड़ी संजीदगी तथा कोमल स्वर में पूछा कि क्या वह अभी भी उसे उतना ही चाहेगी?

बड़े प्यार से पत्नी ने पैकेट खोला। उसमें एक चमकती हुई घड़ी थी।

अब पति ने भी बड़े चाव से अपना पैकेट खोला तथा पत्नी को कंघी का खूबसूरत सैट दिया।

शीघ्र ही दोनों को असलियत का पता चल गया। दोनों को कुछ क्षणों तक हर्ष-विषाद का एक साथ अनुभव होता रहा। दोनों का मन प्यार के अथाह, शाश्वत सागर की हिलोरों में आनंद ले रहा था। पति ने कंघी का सैट खरीदने के लिए घड़ी बेच दी थी और पत्नी ने घड़ी खरीदने के लिए अपने लंबे व सुंदर बाल बेच दिए थे।

हममें से कुछ लोग सोचेंगे कि उन दोनों के बीच इस बारे में पहले से बात नहीं हो पाई। लेकिन मेरे लिए ये दोनों ही उदाहरण प्रेम के महत्त्व को उजागर करते हैं, जिसे शब्दों में बाँधना, मापना तथा वर्णन करना बहुत कठिन है। प्रेम ऐसा मूल्य है जिसमें बुद्धिमत्ता, निष्ठा, धैर्य, दृढ़ता, ईमानदारी और विश्वास, विनम्रता तथा सादगी—और इन सबसे ऊपर क्षमा, विश्वास, उदारता, करुणा, सेवा, शांति और हर्ष भी शामिल है।

हमारी सफलता, संतुष्टि तथा हर्ष मूल्यों पर आधारित हैं, जिन पर हम विश्वास करते हैं और जिन्हें दैनिक जीवन में अमल में लाते हैं। यह अंततः उस सत्य पर निर्भर है—'जिंदगी में जीना है तो प्यार करना सीखो।'

मुझे विश्वास है कि आप इस पुस्तक के प्रत्येक विचार या कहानी में कोई-न-कोई मूल्य ढूँढ़ लेंगे। जल्दबाजी न करें। इसका सार तत्त्व समझने में पर्याप्त समय लें, ताकि यह आपके जीवन का हिस्सा बन जाए, आप अधिक आनंदमय जीवन बिता सकें।

> ईश्वर ने मुझे ऐसी चीजों को स्वीकार करने की शांति दी है, जिन्हें मैं बदल नहीं सकता। उसने मुझे इतनी हिम्मत दी है कि उन चीजों को बदल सकूँ, जिन्हें मैं बदल सकता हूँ। और अंतर करने के लिए विवेक दिया है।
>
> **—अज्ञात लेखक**

□

2

अपने कौशल का विकास करें

1. ज्ञान

बायोकॉन की किरण मजूमदार शॉ ने जैव प्रौद्योगिकी के क्षेत्र में शिक्षा और ज्ञान अर्जित किया था। अजीम प्रेमजी और नारायण मूर्ति ने प्रोफेशनल के मन-मस्तिष्क में अमिट छाप छोड़ने से पूर्व अपने-अपने व्यवसाय में शिक्षा और ज्ञान अर्जित किया।

इनमें से अधिकांश लोग शिक्षा और ज्ञान के बिना अपने क्षेत्र या उद्यम में शुरू में सफलता हासिल नहीं कर पाए। इसलिए पाठकगण को इस कौशल को मूल तत्त्व के रूप में समझना चाहिए। कभी-कभी हम शिक्षा और ज्ञान को खरीद (hire) सकते हैं तथा अधिकांश सफल लोग ऐसा करते हैं। अर्थात् इससे बुद्धिमत्ता आसानी से आ सकती है। बुद्धिमत्ता क्या है? इसमें स्कूल-कॉलेज के दिनों से प्राप्त अनुभव शामिल होते हैं तथा साथ ही आप जब कामयाबी की सीढ़ी की ओर प्रारंभिक स्तर से कार्य आरंभ करते हैं, उस समय के अनुभवों का भी महत्त्व होता है।

किरण ने दृढ़ निश्चय तथा समर्पण भाव से दो दशक से अधिक समय तक प्रयास किए; संयंत्र या ब्रेवरी (किण्वनशाला) के कार्य के सबसे निचले स्तर पर व्यावहारिक क्षेत्र में शिक्षा और ज्ञान हासिल किया। उसने पहली ब्रू बनने का फैसला किया। कल्पना करें—उसने अपने व्यवसाय में पारंपरिक सीमाओं को

तोड़ा; ऐसा करते समय उसने कैसे-कैसे अनुभव प्राप्त किए। उसने यह सब किसी कॉलेज या विश्व के किसी कोने से नहीं सीखा। लेकिन उसने ब्रेवरी फ्लोर में जो कुछ सीखा, वह सबकुछ तब तक नहीं समझ सकती थी जब तक वह मन लगाकर ध्यानपूर्वक कॉलेज की कक्षा में नहीं जाती।

किरण ने 'स्कूल' जीवन की पाठशाला से जो सीखा, अधिकांश बच्चों को पढ़ाई, कमाई, कामयाबी—इन तीनों के अनूठे अवसर कभी नहीं मिलते। इसलिए, ये बच्चे 'पूरी तरह से असफल' रहते हैं। किसी सफल व्यक्ति के किशोर बच्चों को देखें; वह लेंसर गाड़ी चला रहा है। उसमें विशेष टायर (मानो या न मानो) लगे हैं। उनकी क़ीमत 90,000 रुपए है; 2,90,000 रुपए से अधिक के मूल्य का म्यूज़िक सिस्टम लगा है।

इसी वजह से मोहन सिंह ओबरॉय ने 'डेयर टू ड्रीम' नामक पुस्तक लिखी, जिसमें उन्होंने लिखा कि सबसे ज्यादा फायदा यह रहा कि जब उन्होंने रोजी-रोटी कमानी शुरू की, तब वह गरीब थे। शिमला में सेसिल होटल में ब्वॉयलर रूम अटेंडेंट के रूप में सुबह 4.00 बजे काम करना होता था। लेकिन वे सुबह 2.00 बजे ही काम आरंभ कर देते थे। मित्रो, सफलता यही है—चाहे आप कर्मचारी हैं या किसी व्यावसायिक फर्म के मालिक, गृहिणी हैं अथवा गृहस्वामी।

मोहन सिंह ओबरॉय ने होटल व्यवसाय में कई वर्षों तक ज्ञान हासिल किया तथा 'शिक्षा और ज्ञान' के माध्यम से वे अपरिष्कृत बुद्धिमत्ता हासिल करने के बाद कुछ करने (hire) में समर्थ हो गए।

हम स्कूल और कॉलेज में शिक्षा ग्रहण करते हैं। हम किताबों और लोगों से ज्ञान अर्जित करते हैं। हमारे मित्र ओबरॉय ने ऐसी शिक्षा हासिल नहीं की। लेकिन ऐसे व्यवसाय से ज्ञान हासिल करके इस कमी को पूरा कर लिया, जो अनेक पुस्तकें पढ़ चुके हैं।

मित्रो, अभी या सेवानिवृत्त होने के बाद 'डेयर टू ड्रीम' पढ़ें। आप बहुत कुछ सीखेंगे। स्वयं को तथा अपने बच्चों के मन को ऐसी प्रेरणादायी पुस्तकों के प्रभाव से सृजनात्मक बनाएँ।

2. जुनून

कछुआ (Turtle) बनें! मेरे पिताजी रेलवे में नौकरी करते थे, इसलिए मुझमें कर्मचारी की मनोवृत्ति पनपी। पढ़ाई के बाद मैंने एस्कॉर्ट में तैंतीस वर्ष

तक नौकरी की।

एस्कॉर्ट में 'डीलरों' के साथ बरताव करते समय मैं उद्यमिता की संकल्पना को समझने लगा। मैं 1,000 से अधिक डीलरों के संपर्क में आया, जो किसी-न-किसी रूप में अनिवार्यतः उद्यमी थे। लोगों के स्वामित्ववाली या उनके द्वारा नियंत्रित बड़े-बड़े कॉरपोरेशन में 'पॉप और मॉम' शो होते थे।

जॉब की सुरक्षा मेरे 'प्रोफेशनल' जींस का हिस्सा बन गए तथा यह ऐसी मनोवृत्ति थी, जिसे बदलने में बरसों लग गए। और अब मैं उद्यमी हूँ। मैं सोचता हूँ कि सन् 1996 में हुई सेवानिवृत्ति से जिंदगी में मुझे बहुत बड़ा बोनस मिला है। अड़सठ वर्ष के बाद भी मेरे पास वह सबकुछ है, जिसकी मुझे जरूरत है और जिसका इस्तेमाल मैं कर सकता हूँ। मुझे अपनी जिंदगी इस धरती पर स्वर्ग लगती है।

मुझमें कुछ कमियों के साथ-साथ गुण भी हैं। इसीलिए मैं कछुआ अधिक था। मेरे जीवन में बेहतरीन घटना हुई कि मैं विचारशील कछुआ हूँ। मुझमें ताकत है। मैं हर चीज को गौर से देखता हूँ। मुझमें कमियाँ भी हैं, जैसे—मैं यांत्रिक, इलेक्ट्रॉनिकल, गणितीय चीजों से दूर रहने की कोशिश करता हूँ। उसमें घंटियाँ और सीटियाँ, नॉब, बटन और चाबियाँ तक शामिल हैं। मुझे टाइप करना या कंप्यूटर चलाना नहीं आ सकता। मैं इस कमी को स्वीकार करता हूँ। इसलिए मैं घर तथा काम पर लोगों को गौर से देखता हूँ। मैं न तो विशेषज्ञ हूँ, न ही बुद्धू, लेकिन गोबर गणेश हूँ। इसीलिए, मैंने प्रोफेशनल योग्यता, अर्थात् एम.बी.ए. के बल पर एस्कॉर्ट में तैंतीस वर्ष के अनुभव तथा सीख से आत्मसंयम के सरल प्रबंधन मंत्रों का पता लगाया है। मैंने रामायण, महाभारत, पंचतंत्र और दिन-प्रतिदिन के जीवन से बहुत कुछ सीखा।

आज हम अद्‌भुत दुनिया में रहते हैं। इससे भी अधिक, मैंने जैसे-जैसे खोज या शोध किए वैसे-वैसे अधिक सीखा है। इस प्रवृत्ति ने मुझे आकर्षित किया है। मुझे अधिक सुख मिला है और मैं पाठकों तक अपना यह शोध-कार्य पहुँचा पा रहा हूँ।

हममें से अधिकांश परिस्थितियों से समझौता कर लेते हैं तथा हालात का पूरा-पूरा फायदा उठाते हैं। हम प्रत्येक लेन-देन के कार्य को अपनी दृष्टि से देखते हैं तथा अल्प समय के लिए अधिकतम लाभ उठाते हैं।

हममें से कुछ लोग प्रत्येक स्थिति में जीतने में विश्वास करते हैं तथा दोनों

पक्षों के लिए 'बेहतर समझौता' करने की कोशिश करते हैं।

कुछ लोग बहुत सफल होते हैं। वे आगे बढ़ जाते हैं। इसे हर तरह से जीतने की स्थिति कहते हैं। यही जुनून कहलाता है, जब आप अपने जीवन के लिए जो करते हैं, उसे प्यार से करते हैं।

3. फोकस (एकाग्रता)

जब हम 'एकाग्रता' या 'फोकस' शब्द पर ध्यान देते हैं तब हमारे मस्तिष्क में 'अर्जुन और चिड़िया की आँख' वाली कहानी कौंध जाती है। हममें से अधिकांश में ऐसा गुण प्रबल नहीं होता। हम अनेक बातों का निचोड़ निकालना चाहते हैं और अंत में मानसिक रूप से इसमें उलझ जाते हैं। सफलता तभी मिलती है, जब हम हर रात को सोने से पहले अपने लक्ष्यों तक पहुँचने की प्राथमिकताएँ तय कर लेते हैं।

अपने बारे में अच्छा सोचें। अपने मन में अपने को ऊँचा उठाएँ। यह कदापि न भूलें कि नेपोलियन का कद मात्र 5 फीट 3 इंच था।

अपने जीवन में यह कदापि न भूलें कि सफलता पाने में आपके व्यक्तित्व की अहं भूमिका होती है; लेकिन अंततः मस्तिष्क में उत्पन्न होनेवाले विचार, मन की भावनाएँ तथा आँखों में उभरते प्रतिबिंब आपको ऊँचा, और ऊँचा तथा सबसे ऊँचा उठाते हैं।

4. खतरा उठाना

जब किसी के व्यवसाय से संबद्ध कोई समस्या उसे परेशान करती है तो वह कुछ समय तक छटपटाता रहता है या पागल हो जाता है। उसके पास सीमित संसाधन होते हैं और उसे रचनात्मक ढंग से सोचना होता है तथा ऐसे सुलभ तरीके ढूँढ़ने होते हैं कि वह बची-खुची जमा-पूँजी को इस प्रकार से लगा सके कि उसे अधिकाधिक मुनाफा हो।

कुछ दशक पहले ऐसे लोगों के पास कुछ हजार रुपए थे, लेकिन अब उनके पास लाखों रुपए हैं। मोहन सिंह ओबरॉय तथा सोशिरो होंडा को नए उद्यम लगाने के लिए अपनी पत्नियों के जेवरात तक बेचने पड़े।

मैं हमेशा यह सोचकर विस्मित हो जाता हूँ कि उन्होंने यह सबकुछ कैसे

किया? उन्होंने अपने जोखिम भरे विचारों व खयालों को साकार रूप देने के लिए अपनी पत्नियों को कैसे 'सहमत' या 'मजबूर' किया। जब मैं उनकी पत्नियों की तुलना अपनी पत्नी से करता हूँ, तब सोचता हूँ कि मैं ऐसा कभी नहीं कर पाया—मेरी पत्नी ने मुझे आत्महत्या की धमकी तक दे डाली थी। मुझे हमेशा चिंता रहती थी। मैं उसके जेवरात के बारे में तो क्या सोचता, बल्कि मुझे अपने तीन बच्चों की चिंता थी—उनका क्या होगा? उनकी देखभाल कौन करेगा? इसलिए मैंने कोई खतरा उठाने के लिए पंद्रह-बीस वर्ष तक इंतजार किया और तब एस्कॉर्ट से सेवानिवृत्त होने पर मिले पैसे से अपना कारोबार शुरू किया; उद्यम आरंभ किया। वह व्यवसाय बहुत अच्छे ढंग से चला। यकीनन उस समय मैंने बहुत बड़ा खतरा उठाया और उसी खतरे के बलबूते पर आज मुझे विस्मयकारी लाभ मिल रहे हैं।

चाहे किसी भी उद्यमी को हम कामयाब व्यक्ति कहें, वह मूल रूप में ऐसा व्यक्ति होता है, जिसमें जुनून, मूल्य-कौशल, दृढ़ निश्चय तथा निरंतर सोच-समझ कर खतरा उठाने की प्रवृत्ति होती है। ये सभी मूल्य 'सैद्धांतिक' अधिक हैं, क्योंकि इन मूल्यों के सम्मिश्रण के आधार पर अंतिम परिणाम सामने आते हैं।

उदाहरण के लिए, एम.एफ. हुसैन का नाम है। उनके पास मूल्य हैं या नहीं—यह विवादास्पद विषय है। लेकिन सच्चाई यह है कि वे निरंतर पिकासो जैसा चित्रकार बनने के लक्ष्य की ओर बढ़ रहे हैं। जो रंग और कूची या तूलिका वह इस्तेमाल करते हैं, वह अलग या खास नहीं है। ये रंग और कूची किसी भी दुकान पर मिल सकते हैं—अर्थात् हजार से भी कम रुपए खर्च करने पर मिल सकते हैं। रंगों के संयोजन से वह एक पेंटिंग के 1 करोड़ रुपए तक कमाते हैं। भगवान् सही है या नहीं, मैं अभी तक नहीं जान पाया।

लेकिन, यदि आप कर्मचारी हैं तो अपने संकीर्ण दायरे से बाहर सोचें और अपने विचारों को साकार रूप दें, अपना समय लें और तब इस पर कार्य करें। मैं इस तरीके से काम करने का आदी हूँ। यह नुस्खा कामयाब निकला है; क्योंकि जब मैं नाकाम हो गया था तब मेरे बॉस ने उस समय बुरा नहीं माना। इन विचारों के पीछे मेरा कोई स्वार्थ नहीं छिपा था।

5. दृढ़ता

दृढ़ता किसी व्यक्ति के मन का जुनून है। नदी की धारा और चट्टान के बीच संघर्ष में नदी ताकत के बलबूते पर नहीं, बल्कि दृढ़ता के बलबूते पर जीतती है।

- एडिसन ने बिजली के बल्ब की खोज से पहले 1,000 तरीकों से प्रयोग किए थे। लेकिन कोई भी तरकीब कामयाब नहीं हुई। ऐसी स्थिति में हम और आप जैसे लोग कोशिश करना ही छोड़ देते; लेकिन आस की डोर छोड़े बिना वह प्रयोग करता रहा। उसका अपना नजरिया था। एक तरीका कामयाब नहीं हुआ, कोई बात नहीं। यह नहीं तो किसी और ढंग से। मैं अपने 'विचारों का संयोजन' बदल दूँगा। कोई भी विचार छोड़ने से पहले वह खोज करता था।
- एलेक्जेंडर ग्राहम बेल, कार्लसन, हेनरी फोर्ड—प्रत्येक आविष्कारक मूलतः उद्यमी है। कोई उस तरीके से तो कोई दूसरे तरीके से पहले ही वर्ष में वे कामयाब हो गए। कुछ लोग वर्षों तक प्रयास करते रहे, कुछ लोग दशक या कई दशकों तक प्रयास करते रहे। यही दृढ़ता है।

दृढ़ता की ताकत को कोई नहीं रोक सकता। व्यक्ति को पहल करनी होती है तथा प्रत्येक उद्यमी के पास प्रचुर जानकारी होती है। परिष्कृत रवैये या दृष्टिकोण के बल पर व्यक्ति अपने लक्ष्य की ओर बढ़ेगा। वह यह तथ्य भली-भाँति जानता है कि उसके मार्ग में आनेवाली 'चट्टान' ऐसी बाधा है, जिसके आस-पास या नीचे से ही उसे अपना रास्ता ढूँढ़ना है—

6. सहज बुद्धि

संक्षेप में, सहज बुद्धि या समझ का अर्थ है—'कब लक्ष्य तक पहुँचने के लिए चक्कर लगाने हैं या प्रयास करना है।'

शोध करते समय मैंने अनेक कहानियाँ पढ़ी थीं। मुझे स्टीवन कॉवे की पुस्तक 'स्टोरी ऑफ ए लाइटहाउस' की कहानी याद है। उस पुस्तक का सार इस प्रकार है—

- कप्तान—"बडी, मेरे रास्ते से हट जाओ। मैं बहुत बड़ा जहाज हूँ।
- जवाब—"सर, आपका संदेश अच्छी तरह से साफ-साफ सुना। मेरी यह सलाह है कि आप अपना रास्ता बदल लें।"
- कप्तान—"तुम अपना रास्ता बदल लो। पर तुम हो कौन?"
- जवाब—"सर, मैं लाइटहाउस हूँ।"

इस कहानी का अंत क्या हुआ? बड़े जहाज को लाइटहाउस की बात माननी पड़ी।

सफल व्यक्ति अपनी एक या चार इंद्रियों का ही इस्तेमाल नहीं करता बल्कि पाँच, छह, सात, आठ और नौ इंद्रियों का प्रयोग करता है। छह से नौ तक इंद्रियाँ नहीं होती हैं, लेकिन व्यक्ति अपने अनुभव, कार्य (प्रभाव) क्षेत्र, असफलताओं एवं जाग-जागकर काटी रातों से स्वयं में नौ इंद्रियाँ जाग्रत् कर लेता है।

7. अंतरात्मा

मैं कुछ समय के लिए विश्वास या अंतर्मन के कौशल पर विचार कर चुका हूँ तथा इसे 'अंतरात्मा' के रूप में वर्णित करता हूँ। जब आपका हृदय, मन और शरीर तड़के 3.00 बजे कार्य करना शुरू कर देते हैं तथा जब आप सिर झटककर बिस्तर पर से उठ खड़े होते हैं, तब अचानक 'यूरेका' क्षण आ जाते हैं और आप निरंतर 'मुसकराना' आरंभ कर देते हैं।

मैंने अन्य रूप में अंतर्मन या विश्वास की महत्ता समझी है। 'फोर्ड' मोटर कंपनी ने कार के बारे में विस्तृत बाजार सर्वेक्षण किए। अमेरिकावासियों को द्वितीय विश्व युद्ध के बाद उनकी जरूरत थी। कंप्यूटर का अभी श्रीगणेश हुआ था और नागरिकों से इस बारे में उनकी राय जानने के लिए अनेक आधुनिक तरीके इस्तेमाल किए गए कि उन्हें कार की जरूरत है। अंततः उन्होंने 'एडसेल' मॉडल (हेनरी फोर्ड के इकलौते बेटे का नाम) निकाला। लेकिन बाजार में वह मॉडल विफल रहा, क्योंकि फोर्ड के प्रबंधन वर्ग ने बाजार-शोध के बाद आए मॉडल का स्थान लेने के लिए अंतरात्मा या विश्वास का इस्तेमाल नहीं किया या उस पर ध्यान नहीं दिया। लोगों के पास 'वैभव' (सुख-आराम) का अकाल था और जब उन्हें नई-नई आरामदायक कारें मिलने लगीं, तब फोर्ड एडसेल मॉडल बाजार में औंधे मुँह गिर गया। यह ऑटो की दुनिया की सबसे बड़ी विफलता रही। इसलिए, मूल्यों तथा कौशल से भी अधिक हमें अंतर्मन या अंतरात्मा सिखाती है।

अंतर्मन की आवाज ऐसी उत्कट भावना है, जिससे यह एहसास होता है कि कुछ होने वाला है। यह 'दिव्य दृष्टि' का प्रयोग है। यह अपरिष्कृत बुद्धि है जो साहस, ज्ञान, वास्तविकता या यथार्थ तथा किसी टिप्पणी के प्रति ध्यान देने की प्रवृत्ति से संपृक्त होती है। उससे हमारे मानसिक दरारों में छिपे विचार गोली की तरह बाहर आते हैं। कुछ विचार या मन की हॉट प्लेट पर रखते ही पकने लगते हैं।

अंतरात्मा की आवाज शत-प्रतिशत आपकी अपनी होती है। वह बताती है

कि आपको क्या करना है। कभी-कभी वह बताती है कि धारा या प्रवाह की प्रतिकूल दिशा में आपको कैसे तैरना है। चाहे यह तख्त हो या तख्ता, आपको खतरा उठाकर आगे बढ़ना है, चाहे आप में कम बुद्धि या समझदारी हो।

अंतरात्मा ऐसा गुण है, जब हम परंपरा से हटकर किसी नए मार्ग पर चलते हैं तथा हम में यह मानने की हिम्मत होती है कि अँधेरी सुरंग के दूसरे छोर पर कोई खजाना आपकी प्रतीक्षा कर रहा है। उस समय आप रोमांचित हो उठेंगे और तब अपनी अंतरात्मा के कारण हर्षोन्माद के सागर में गोते लगाएँगे।

मुझे याद है, उद्यमी श्री एच.पी. नंदा के अंतर्मन में बहुत बड़ा ट्रैक्टर संयंत्र लगाने की इच्छा जागी। सन् 1970 के दशक में ट्रैक्टर उद्योग कोई खास नहीं था और यह सरकार के मूड पर आश्रित था। नंदाजी आगे आए और उन्होंने वही किया, जो उनकी अंतरात्मा ने कहा। पुनः जब मैसी फर्ग्यूसन ने उनकी ट्रैक्टर डीलरशिप समाप्त कर दी, तब उन्होंने किसी दिन उस एम.एफ. से भी ज्यादा ट्रैक्टर बनाने की ठानी। उन्होंने ऐसा कर दिखाया। पुनः अंतरात्मा पर उनके मूल्य, कौशल, साहस और उद्यम वृत्ति के प्रति कछुए की चाल निर्भर करती थी। उन्होंने धीरे-धीरे सोच-समझकर अपना कारोबार शुरू किया, जबकि अन्य इस क्षेत्र में बिना सोचे-समझे कूद पड़े। गांधीजी ने केवल आठ स्वयंसेवियों के साथ नमक कानून तोड़ने के लिए दांडी-यात्रा शुरू की थी। चौबीस दिनों में उन्होंने 240 मील की दूरी तय कर ली थी और उनके साथ 1 लाख लोगों का काफिला था। उन्होंने किसी को टी.ए., डी.ए., होटल का खर्च या कोई पद नहीं दिया। अंतरात्मा की आवाज सुनकर ही वे अपने लक्ष्य तक पहुँच पाए थे। अंतरात्मा यह विश्वास है कि कोई चीज, बात या काम सही है, यह मनोवृत्ति प्रमाण की बजाय एहसास पर टिकी है। सफल उद्यमी इस कौशल को काफी हद तक विकसित करते हैं।

> सफलता आपके पास नहीं आती, आप उसके पास जाते हैं।
>
> **—मार्वा कॉलिन्स**

□

3

लोकाचारों का विकास करें

मछली में सड़ाँध उसके सिर से आरंभ होती है, इसी प्रकार से किसी कंपनी या व्यक्ति में बुराई शीर्ष स्तर से आरंभ होती है।

भारत में भी अन्य किसी देश के समान कारोबार एवं व्यक्ति—दोनों स्तरों पर लोकाचारों के बारे में यह सवाल उठता है कि गिलास कितना भरा हुआ है या खाली है। हमारे देश में अजीम प्रेमजी, नारायण मूर्ति, सुनील मित्तल जैसे अग्रणी लोगों के प्रयासों के परिणामस्वरूप यह गिलास अधिकाधिक भरता जा रहा है। लोकाचार बुनियादी तौर पर कानूनों के निष्पादन तथा अंतरात्मा पर भी निर्भर करते हैं।

हमारे देश में अभी भी यह प्रवृत्ति मौजूद है कि कंपनी के खाते से एम.एफ. हुसैन या पिकासो जैसे चित्रकारों की पेंटिंग खरीदकर घरों में लगाई जाती है, या इसी प्रकार से दुरुपयोग किया जाता है। यू.एस.ए. में एक बड़े होटल की मालकिन श्रीमती हक्सले ने भी ऐसा ही कुछ किया था। और इसका अंजाम यह हुआ कि उसे जेल की हवा खानी पड़ी। मुझे विश्वास है कि हमारे होनहार बच्चे तथा उनके पदचिह्नों पर चलनेवाले बच्चे यू.एस.ए. के समान कानून को सख्ती से लागू करके इस प्रकार के लोकाचारों की मिसाल कायम करेंगे।

भारत में यह आम बात है और इसे बुरा भी नहीं समझा जाता कि कंपनी के मालिकों के प्रिय जन ही कंपनी में आवश्यक वस्तुओं की आपूर्ति करते हैं तथा

वरिष्ठ कार्यपालकों या अधिकारियों को ऐसा करने की पनाह देकर लोकाचार के उल्लंघन से होनेवाली 'सिरदर्दी' से भी राहत देते हैं। यह सब उद्यम को बढ़ावा देने के नाम पर किया जाता है। ऐसी कंपनियाँ अंत में देर-सबेर डूब जाती हैं और यह तीन पीढ़ियों तक पूरी बाजू की कमीज को आधी बाजू तक पहननेवाली स्थिति बन जाती है। शेष आप अपनी कल्पना-शक्ति द्वारा सोच सकते हैं।

एक बार मेरी कंपनी में लगभग दस साल पहले एक सुरक्षा गार्ड ने किसी कामगार को कुछ रबड़ बैंड चुराते रँगे हाथों पकड़ लिया। उसे नौकरी से निकाल दिया गया। यह मामला वन-राजस्व सेवा विभाग का था—यहाँ सुरक्षा गार्ड लकड़ी का गट्ठर उठाए व्यक्ति को पकड़कर जेल की सलाखों के पीछे डाल देते हैं और जब लकड़ी से लदे ट्रक की तस्करी होती है तब उनकी ओर देखते तक नहीं। अधिकांश कंपनियों में ऐसा होता है, लेकिन अब धीरे-धीरे हालात सुधर रहे हैं। मेरी राय में, यह शुभ संकेत है।

मदन अग्रवाल मेरे लिए महाभारत के कृष्ण हैं, जिन्होंने मुझे अभिप्रेरित किया तथा मेरा मार्गदर्शन किया। हाल ही में लोकाचार के विषय पर श्री प्रह्लाद के विचार सुनने के बाद उन्होंने सोच-समझकर जवाब दिया, "यह वक्त-वक्त की बात है, जब कंपनी के पास और कोई रास्ता नहीं होता, सिवाय लोकाचार के...!" इंटरनेट, टी.वी. चैनल, मीडिया ने आपको 'द्रौपदी' बना दिया है, जो इस मोड़ पर खड़े होकर यह नहीं जानती कि वह किधर जाए! हाल ही में धर्मार्थ खुले बेहतरीन अस्पताल, स्कूल और कॉलेज की भी कहानी निराशाजनक है; क्योंकि इन्हें बढ़ावा देनेवाले इनके संरक्षक परामर्शदाता के रूप में मौजूद 'शकुनि' की सलाह पर चलते हैं तथा उनके साथ मिलकर भ्रष्ट तरीके अपनाते हैं। मेरी राय में, जब कोई ऐसी शर्मनाक हरकत करता है, तब मुझे लगता है कि कोई व्यक्ति गुरुद्वारे में 100 रुपए चढ़ाकर उठा लेता है!

इसी प्रकार से हमारे विदेश में बसे सबसे ज्यादा धनी भारतीयों में एक उस समय इस जाल में फँस गए थे, जब उन्होंने 7 करोड़ पौंड के मकान का कमीशन नहीं चुकाया, जबकि अपनी बेटी की शादी पर 3 करोड़ पौंड खर्च कर डाले। सही है या गलत, लेकिन इससे अमीर लोगों के मन में बसे लालच का पता चलता है। इसीलिए मैंने अपने दोस्त अजय रमन से लोकाचार के बारे में बेहतरीन वाक्य सुना था—"जरूरतें पूरी हो सकती हैं, लालच कदापि नहीं।"

भारतीय क्षितिज में लोकाचार के दो प्रमुख सितारे देदीप्यमान हैं। मुझे

यकीन है कि इस प्रकार के अन्य सितारे भी हैं। अगर आपके पास ऐसी जानकारी है तो मुझे भेजें। यहाँ नीचे संक्षिप्त जानकारी दी गई है। (अधिक जानकारी इनकी वेबसाइट से लें)

1. एन.आर. नारायण मूर्ति

"कॉरपोरेट के सी.ई.ओ. को लोकाचार के उच्च स्तर मानक स्थापित करने चाहिए, ताकि कर्मचारी उनका अनुसरण कर सकें। हमें उत्तम मूल्य-व्यवस्था की जरूरत है, जहाँ नेतागण लोगों को नई राह दिखाएँ तथा लोगों पर असर डालने के लिए व्यावहारिक रूप में नैतिक मूल्यों की कद्र करें। लोकाचारों पर व्याख्यानों का नैतिक दृष्टि से कॉरपोरेट के सुशासन पर लेश मात्र प्रभाव पड़ेगा।

"...अधिक अवसर मिलने से उत्तम मूल्य व्यवस्था को प्रोत्साहन मिलता है। फिर भी, इन्होंने स्पष्ट किया कि दौलत और नैतिक मूल्यों या लोकाचारों के बीच कोई संबंध नहीं है। चैन की गहरी नींद लाखों-करोड़ों की दौलत से कहीं अधिक मूल्यवान् है।"

श्री नारायण मूर्ति इन्फोसिस के आधार (ombudsman) तथा विवेक-शक्ति हैं। ये तीन सप्ताह में एक बार एक परियोजना की गुणवत्ता की दृष्टि से समीक्षा करते हैं (कंपनी के गुणवत्ता विभाग के अध्यक्ष ने स्वयं पुष्टि की है कि अगले 24 माह की उनकी उसके साथ बैठकें निश्चित हैं)। इन्फोसिस के वरिष्ठ प्रबंधकों पर उनके दो मुख्य वाक्यों का बहुत प्रभाव पड़ा है—'उत्कृष्ट कार्य-निष्पादन' तथा 'इस कार्य का अगले पाँच वर्षों पर क्या प्रभाव पड़ेगा?'

स्रोत—बिजनेस टुडे।

2. अजीम प्रेमजी

"विप्रो में हमारे कारोबार की मूल विचारधारा ग्राहकों को दिया गया वचन है। मानव-मूल्यों के प्रति आदर भाव रखते हुए हम पूरी निष्ठा से नए-नए तरीके अपनाकर गुणवत्तावाले उत्पादों तथा विविध सेवाओं के माध्यम से ग्राहकों की आवश्यकताओं की पूर्ति का वचन देते हैं।

"आज ये मूल्य और ग्राहकों के साथ किए जानेवाले वायदे विप्रो कंपनी का सार तत्त्व हैं। कठिन परिस्थितियों में, विवादास्पद स्थितियों में तथा नैतिक दुविधाओं के समय ये मूल्य विप्रो के स्टाफ नियोक्ताओं का मार्गदर्शन करते हैं।

ये मूल्य और वायदे सही-गलत का फैसला करनेवाले के परिमाप हैं।

''विप्रो ने 'निष्ठा-नियम पुस्तक' तैयार की है। इस पुस्तक का आधार विप्रो के मूल्य हैं तथा ऐसे मार्ग या तरीके सुनिश्चित किए गए हैं, जिन्हें विप्रोवालों को लाना है। इस नियम पुस्तक से विप्रो या ग्राहकों को अपनी भूमिका निभाने में मार्गदर्शन मिलता है तथा विप्रो की विश्वसनीयता व ईमानदारी के संबंध में ग्राहकों, निवेशकों, आपूर्तिकारों एवं बड़े पैमाने पर समाज के मन में विश्वास उत्पन्न करने में मदद मिलती है।''

लोकाचारों के बारे में कुछ शब्द

जैसा कि पहले बताया जा चुका है, अपने तीस वर्ष से अधिक के कैरियर में मैंने यह पाया है कि मछली में सड़ाँध उसके सिर की ओर से शुरू होती है। यही बात कंपनी, विभाग, अनुभाग आदि पर भी लागू होती है। अपने कैरियर में मैंने सात बॉसों के साथ काम किया है तथा लोकाचारों से संबंधित मामलों पर भी उनके साथ कार्य किया है। मैंने उनको बड़े ध्यान से देखा। मेरा यह शौक रहा है। इनमें से कुछ 'दूध के धुले' थे, जबकि अनेक बॉसों की नीयत अस्पष्ट रही। लोकाचार के संबंध में नजरिए तथा नीरसता को समझना बहुत जरूरी है। कंपनी में भी कुछ कार्यपालक 'सफेदपोश राजनीतिज्ञों' जैसे होते हैं।

मेरा अपना अनुभव रहा है कि कंपनी का प्रत्येक कार्यकारी सेब के समान होता है। अधिकांश प्रबंधक सेब के समान होते हैं। वे वास्तव में नीति-परायण और ईमानदार होते हैं। उनपर दाग तभी लगता है, जब उनका माहौल बेदाग नहीं रहता। सेब पर ध्यान दें, बहुत बढ़िया, एकदम बेदाग होता है! हम लोग शुरुआत में अच्छे, बेदाग सेब जैसे होते हैं! और यदि कोई कंपनी इन्फोसिस या विप्रो जैसी है तो हम बेदाग रहते हैं। यदि ऐसी ही है तो हम 'आसानी से पैसा लेने या मेहरबानी लेने' के लालच से बच नहीं पाते।' कारगर कानून ही मनुष्य के बाह्य एवं आंतरिक जगत् पर काबू रख सकता है। सौभाग्यवश, हमारे देश में यह लोकाचार लोगों का नजरिया बन चुका है।

कुछ लोग बाहर से बहुत अच्छे दिखाई देते हैं; लेकिन जब हम उन्हें नजदीक से देखते हैं तो हमें उनके भीतर पनप रही सड़ाँध का एहसास होता है। जबकि कुछ लोगों में दूर से ही दाग दिखाई देते हैं।

जब हमारा प्रबंधन ही दागदार हो, अर्थात् कुछ बुराइयाँ साफ नजर आ रही

हों तो छोटे दागी सेब भी बरकरार रहते हैं। लेकिन वे दागी रूप में मशहूर हो जाते हैं। इससे उनका भविष्य ही चौपट नहीं हो जाता, बल्कि किसी हद तक उनके परिवार भी तबाह हो जाते हैं। पाठकगण, मैं स्पष्ट शब्दों में अपनी बुद्धिमत्ता के बारे में बताना चाहता हूँ, जो शाश्वत सत्य है कि फैंसी उपाधि, फैंसी मकान या फैंसी कार से ज्यादा महत्त्वपूर्ण व्यक्ति की सर्वविदित ईमानदारी है। जब मैं किसी से यह सुनता हूँ, जो जब तक सरकारी सेवा में मोटी आमदनीवाले पद पर रहा या किसी फर्म में नौकरी करता रहा तब तक शानोशौकत से रहा, लेकिन अब वह डी.डी.ए. के फ्लैट में रह रहा है। इससे मेरी सकारात्मक सोच का स्रोत फूट पड़ता है तथा मेरे मन में उसके बारे में विचार घुमड़ने लगते हैं, 'यदि मेरा उससे कोई वास्ता पड़ गया?'

हमेशा आगे-आगे चलो; अपनी कंपनी, विभाग या अनुभाग में दूसरों को प्रोत्साहित करो।

भविष्य को खुशहाल बनाने के लिए वैयक्तिक लोकाचार

1. **नैतिक :** सही-गलत के सिद्धांतों को ध्यान में रखें या जिस प्रकार से महात्मा गांधी ने सिद्धांतों को साकार किया उसी प्रकार से उन सिद्धांतों के आधार पर व्यवहार और चरित्र के मानदंडों का अनुसरण करें।
2. **विधिक :** कार्यालय के नियमों का पालन करें, अजीम प्रेमजी ने जिस प्रकार से कानून को साकार रूप दिया उसी प्रकार से कानून द्वारा बनाए गए अथवा सरकारी या स्वीकृत नियमों का ध्यान रखें।
3. **सामाजिक :** मानव समाज और इसके सदस्यों से संबंधित लोकाचार, खुशवंत सिंह के समान।
4. **तार्किक :** सही तथा मान्य तर्कशक्ति का सामर्थ्य या समर्थ शक्ति को उजागर करना, अटल बिहारी वाजपेयी के समान तर्क-शक्ति का उपयोग।
5. **धार्मिक :** धर्म या अध्यात्म से संबंधित मदर टेरेसा के समान पवित्र या आध्यात्मिक विषयों से संबंधित।
6. **राजनीतिक :** नवजोत सिंह सिद्धू के समान राजनीति या पार्टियों अथवा अलग-अलग हिस्सों की विशेषताओं को ग्रहण करना।
7. **संगठनात्मक :** एन.आर. नारायण मूर्ति के समान संगठन से संबंधित।

☐

4

अच्छी आदतों का विकास करें

अच्छी आदतें डालें, आदतों से अनुशासन आता है

- यदि आप चालीस दिनों तक कोई अच्छा कार्य करते हैं तो आप में अच्छी आदत विकसित होगी या पनपेगी। इसी प्रकार, यदि आप चालीस दिनों तक कोई बुरा कार्य करते हैं तो वह बुरी आदत बन जाएगी।
- अनुभव, परिवेश तथा प्रभाव के आधार पर विचार सृजित होते हैं। हमारे विचार शब्दों में व्यक्त होते हैं। यही शब्द हमारा तरीका बन जाता है। अंत में यही तरीका आदत में परिणत होता है।
- आदत क्या है? जो कार्य हम बार-बार करते हैं, वही आदत बन जाता है। आदत अच्छी भी हो सकती है और बुरी भी।
- यहाँ नीचे अच्छी आदतों के बारे में बताया जा रहा है, जिससे आगे चलकर आप आनंदमय जीवन बिता सकते हैं।

1. सहमत होने, बहस न करने की आदत

प्रत्येक बात को मुद्दा न बनाएँ, सिर्फ उससे सहमत हों। बहरहाल, महत्त्वपूर्ण मुद्दों पर चर्चा करें तथा भिन्नताओं का पता लगाएँ। यहीं पर समझदारी तथा बुद्धिमत्ता सहायक सिद्ध होती है।

2. परिवर्तन लाने की आदत

अपने अनुभवों से सीखें तथा अपने नजरिए से सोचें-विचारें। दूसरों

को बदलने की कोशिश कदापि न करें। लोगों को बदलने पर अपनी ऊर्जा तथा समय नष्ट न करें। स्वयं को बदलें।

3. अपनी तुलना स्वयं से करने की आदत

स्वयं की तुलना दूसरों से न करें। अपनी तुलना स्वयं से करना सीखें, तब आप अधिक प्रसन्न एवं संतुष्ट होंगे। यह दृश्य हमेशा याद रखें— 'उसकी साड़ी मेरी साड़ी से सफेद क्यों'?

4. समझौता करने की आदत

यदि श्रीराम और लक्ष्मण रावण से मिलकर बात करते तो उन लोगों के बीच समझौता हो जाता और इतने व्यापक स्तर पर खून-खराबा नहीं होता। यह जीवन 'इस हाथ दे, उस हाथ ले' पर टिका है।

5. महत्त्वपूर्ण बनाम अत्यावश्यक स्थिति

महत्त्वपूर्ण कार्यों को अति-आवश्यक बनने से पहले निपटा लें। समस्याओं को दूर रखें और अवसर का लाभ उठाएँ। वक्त के साथ-साथ समझ-बूझ आती है। अपनी प्राथमिकताओं की सूची बनाएँ। इस बारे में 20-80 का नियम लागू होता है। जब कोई चिनगारी भड़कती है तो उसे एक गिलास पानी से बुझाया जा सकता है। लेकिन कुछ समय बाद आग बुझानेवाली दमकल की 100 गाड़ियाँ भी वह कार्य नहीं कर पातीं।

6. निष्पक्ष रहने की आदत

जीवन एक समान या निष्पक्ष नहीं होता है। मैं फिर दोहराता हूँ, जीवन निष्पक्ष नहीं होता है। बहुधा हम यह सोचकर हैरान होते हैं कि बुरे लोगों के साथ अच्छा और भले लोगों के साथ बुरा क्यों होता है? ठीक है, मेरे लिए यही जिंदगी है। फिर भी हम अधिक सुखी हो सकते हैं। हमें स्वयं तथा दूसरे के साथ निष्पक्ष रहने का भरसक प्रयास करना है। इससे हमें शक्ति और अंतर्मन की खुशी मिलती है। यह जीवन भर का अनुशासन है। यदि आप यह आदत बरकरार रखते हैं तो आप शांति से जिंदगी बिता पाएँगे।

7. क्षमा करने की आदत

क्षमा करके सब भूल जाएँ। यदि हमारा मस्तिष्क किसी बात को याद रख सकता है तो भूल भी सकता है। यदि आप जीवन में प्रसन्न

रहना चाहते हैं तो उन खयालों को सँजोकर रखें, जिनसे आपको खुशी मिल सकती है। ऐसे खयालों को दिमाग से निकाल दें, जिनसे आपके दिल को ठेस पहुँचती है या उदासी छा जाती है। श्रीराम ने उस समय कैकेयी को क्षमा कर दिया था, जब उन्होंने यह महसूस किया कि राजतिलक का प्रस्ताव स्वीकार करने से लालच की प्रवृत्ति उभरकर आई है; जबकि सही कदम यह होता कि वे पिता महाराज दशरथ से निवेदन करते कि जब तक उनके छोटे भाई समारोह में नहीं आ पाते तब तक राजतिलक समारोह न किया जाए। किंचित् लालच से बड़ी-बड़ी घटनाएँ घटित हो जाती हैं। इनके परिणामस्वरूप 'रामायण' जैसी कृति का सृजन होता है। इसलिए दूसरों को क्षमा करें और खुश रहें।

8. अपनी आकांक्षाओं पर अंकुश लगाने की आदत

हमारे मन को हमारे अपने ही ठेस पहुँचाते हैं—पति-पत्नी, बच्चे, माता-पिता आदि। यदि आपके तीन बच्चे हैं तथा आप अमीर हैं तो आपके सामने अनेक समस्याएँ होंगी। मैंने अपने जीवन में यह सीखा है कि यदि हर कार्य में विफलता मिले तो अपनी आकांक्षाएँ, इच्छाएँ कम कर दो। आप एक अत्यंत सुखी इनसान हो जाएँगे। यह न भूलें कि यदि आपकी इच्छा न हो, रजामंदी न हो तो आपके मन को कोई चोट नहीं पहुँचा सकता।

9. वायदा निभाने की आदत

यदि आपका बच्चा कहे कि 'पापा, प्लीज आज मेरे साथ डिनर करें!' तो आप बच्चे का दिल कभी न तोड़ें। यदि आपने बच्चे का न्योता स्वीकार किया है तो अपना वचन निभाएँ। यदि किसी से वायदा करते हैं तो उसे निभाएँ तथा उन लोगों के साथ अच्छे एवं मधुर संबंध बनाए रखें जिनके प्रति आप प्रतिबद्ध हैं। इनमें आपके ग्राहक भी शामिल हैं।

10. परोपकार की भावना से लोगों की मदद करने की आदत

यदि आप जिंदगी से अनुभव लेना चाहते हैं तो अभी से लोगों की मदद करना शुरू कर दें। कहीं से भी शुरुआत करें। हर वस्तु का हिसाब-किताब न रखें।

11. सीमित दायरों से बाहर आने की आदत

सीताजी ने लक्ष्मण रेखा क्यों लाँघी? क्योंकि उनकी माँ ने उनके मन को इस संकुचित दायरे में बाँध दिया था कि कभी भी अपने दर से किसी साधु को खाली हाथ न जाने दो। सीताजी को इसके लिए बहुत कुछ भुगतना पड़ा। यथार्थ जीवन में ऐसा तब होता है जब हम कुछ करने से पहले भलीभाँति विचार नहीं करते। और हमें उस समय भुगतना पड़ता है, जब हम जवाब न देकर शीघ्रातिशीघ्र अपनी प्रतिक्रिया जाहिर कर देते हैं। हाजिर-जवाब बीरबल को याद रखें। वह अकबर को हमेशा जवाब देते थे।

12. बचत करने की आदत

प्रतिमाह आय का 10 प्रतिशत बचत करें। अपना सेफ्टी नैट तैयार करें। इस बात का कोई फर्क नहीं पड़ता कि आपका वेतन 9 हजार रुपए है या 90 हजार रुपए। अपनी दिव्य दृष्टि का इस्तेमाल करें।

13. 'न' कहने तथा 'न' सुनने की आदत

जब अपने सहकर्मियों के मन में आपकी सकारात्मक छवि होगी, केवल तभी आप ऐसा कर पाएँगे।

14. पहल करने की आदत

चाहे कोई समस्या हो या अवसर, आप पहल करें। चीनी कहते हैं कि एक कदम बढ़ाकर हम 1,000 मील की यात्रा शुरू कर सकते हैं। जीतने का यही मूल मंत्र है।

15. संकुचित दायरों से बाहर सोचने की आदत

'जरा हटा के', यह इस आदत का अर्थात् थोड़ा व्यापक क्षेत्र में सोचने का हिस्सा है। हमारे माँ-बाप और शिक्षक जीवन के प्रारंभिक दौर में हमें लगभग 1 लाख 50 हजार बार 'नहीं' शब्द का इस्तेमाल करते हैं। हमें जीवनपर्यंत सीखते रहते हैं। रचनात्मक ढंग से तथा नए-नए तरीके से सोचकर हम अपने ध्येय तक पहुँच सकते हैं।

16. सच्चे मन से तथा तुरंत क्षमा माँगने की आदत

इस बात को 'महाभारत' की इस घटना से समझाता हूँ—दुर्योधन बधाई देने के लिए युधिष्ठिर के नव-निर्मित राजमहल में आया। चलते-चलते वह बैठक बने सुसज्जित तालाब में गिर गया। जब द्रौपदी ने देखा

तो दुर्योधन की मदद करने की बजाय वह उस पर हँसने लगी। और यह कहकर उपहास उड़ाया—'अंधे का पुत्र भी अंधा।' दुर्योधन आग-बबूला हो गया। दुर्योधन के पास अपमान को चुपचाप सहन करने के अलावा और कोई चारा न था। इस प्रकार से उसकी मानस-भूमि में प्रतिशोध के बीज उगे। समय के साथ-साथ प्रतिशोध की भावना और अधिक बलवती हो गई। यदि द्रौपदी अपने किए को समझती और दुर्योधन से क्षमा माँग लेती तो शायद दुर्योधन इस घटना को भूल जाता! प्रतिशोध तथा अहंकार से घृणा और वैमनस्य जन्म लेते हैं। याद रखें कि मात्र एक शब्द 'क्षमा' से व्यक्ति के जीवन में खुशियों के सैकड़ों क्षण भर जाते हैं।

17. 'आज मैं तुम्हारी क्या मदद कर सकता हूँ'—कहने की आदत

लगातार 30 दिनों तक यह कहने की आदत डालने की कोशिश करें। अपने हाथों में पेंसिल व पैड लें और अपनी पत्नी या पति से रोज पूछें—'आज मैं तुम्हारी क्या मदद कर सकता हूँ/सकती हूँ?' आपके शब्दों से, आपकी आँखों से ऐसा करने की इच्छा व्यक्त होनी चाहिए। आप सच्चे मन से ऐसा कहें। हो सकता है कि ऐसा सुनकर वह चौंक उठें, लेकिन बुरा न मानें। मैं अपने बॉस, पत्नी, पुत्र-पुत्रियों तथा पोते-पोतियों, ग्राहकों और स्टाफ के साथ भी ऐसा करता हूँ।

18. कछुए की तरह लगातार प्रयास करने की आदत

अंत में कौन जीता? कछुआ। तेज दौड़नेवाला खरगोश सो गया। बुद्धिमान अमेरिकी इसी बात को इस प्रकार कहते हैं, "जब तक लक्ष्य तक नहीं पहुँचते तब तक हमारी कोशिशें पूरी नहीं होतीं। इसलिए सफलता और खुशी तभी मिलती है, जब हम धीरे-धीरे अच्छी आदतों का अभ्यास करते हुए अनुशासनबद्ध होते हैं। यह न भूलें—आपको 90 के बाद 10 वर्ष और या 90 से 10 वर्ष कम जीना है। इसलिए जल्दी क्या है? जीवन के सफर का आनंद उठाएँ।

19. आभार व्यक्त करने और आभारी होने की आदत

प्रत्येक व्यक्ति के जीवन में ऐसे लोग आते हैं, जिनकी बदौलत वे आज किसी मुकाम पर पहुँचे हैं। कुछ लोगों में मददगारों को भूलने की आदत होती है। हम खुद से नाखुश रहते हैं। अपने ऊपर यह मेहरबानी

करें तथा बार-बार उन लोगों को याद करें, जिन्होंने जिंदगी के किसी मोड़ पर आपकी मदद की थी। हम अकसर 'धन्यवाद' कहने में भी कंजूसी बरतते हैं। उदार बनें और धन्यवाद कहें। आपको और अधिक खुशी महसूस होगी। आप संबंधों पर अपना हक न जमाएँ!

20. सच्चे मन से दूसरों की राय लेने की आदत

अपने चारों ओर लोगों की बातों को ध्यान से सुनें। आप जो कुछ सुनते हैं, वह निरर्थक हो सकता है; लेकिन कूड़े के इस ढेर में हमेशा 'एक औंस सोना' भी छिपा होता है। मदद माँगने की भी आदत डालें! जहाँ तक मेरा सवाल है, यह मेरा तकिया कलाम है, 'मेरी मदद करें!' पैसा माँगना बहुत बुरी आदत है, लेकिन यदि आप सच्चे हैं तो मदद माँगना बहुत अच्छी आदत है।

21. सुनने की आदत

भगवान् ने हमें दो कान और एक मुँह दिया है। इनका इसी अनुपात में इस्तेमाल भी करें। अर्थात् हमें थोड़ा बोलना चाहिए और अधिक सुनना चाहिए। गणेशजी के बड़े कान सुनने की आदत के प्रतीक हैं। हमें यह नहीं भूलना चाहिए कि व्यक्ति बोलकर नहीं बल्कि सुनकर ही कुछ सीखता है। अधिकांश लोग श्रवण-शक्ति को 'सुनने' से मिला देते हैं। 'सुनने' का अर्थ है—किसी मानसिक उलझन के बिना पहले कुछ सुनना और फिर समझना तथा जवाब देने से पहले खुले दिमाग से उस पर विचार करना।

अपनी आँखों से दिखाई पड़नेवाले जगत् को देखें, ध्यान से सुनें! अपने ग्राहकों को ध्यान से सुनें। अकसर ग्राहकों की शिकायतें अंगारों के समान होती हैं। इन्हें भड़काना या इन पर अपने निर्णय की ठंडी बूँदें डालकर इन्हें शांत करना आपके हाथ में है। ग्राहकों को सुनना आसान काम नहीं है। यह बहुत मुश्किल है। जानते हैं, ऐसा क्यों है? क्योंकि जीवन भर हम कभी दूसरों को ध्यान से नहीं सुनते।

22. जिम्मेदारी उठाने की आदत

हमें यह समझना है कि कोई व्यक्ति अपने कर्मों के लिए खुद जिम्मेदार होता है। आप किसी पर जिम्मेदारी नहीं लाद सकते। जिम्मेदारी उठानी पड़ती है और निष्ठा से उठानी पड़ती है। जिम्मेदारी का अर्थ

अपने कर्मों तथा दुष्कर्मों की जिम्मेदारी उठाना है। संक्षेप में, जिम्मेदारी का अर्थ सही ढंग से अनुक्रिया करना या जवाब देना है।

आर.के. लक्ष्मण के कार्टून चित्रों का आम आदमी एक शब्द भी नहीं बोलता—और न ही बोलेगा, क्योंकि कार्टूनिस्ट कहते हैं कि व्यक्ति की ताकत चुप रहने में छिपी है, न कि बोलने में।

आर.के. लक्ष्मण आठ भाई-बहनों में सबसे छोटे थे। बचपन में यह दीवारों पर चित्र बनाते थे। इनकी खूब तारीफ की जाती थी। जब यह परीक्षा में फेल हो गए तब कोई तमाशा खड़ा नहीं किया गया। इनके पिता सख्त हेडमास्टर थे, लेकिन उन्होंने अपने इस बच्चे से कोई सवाल नहीं किया। इससे बच्चे में अपनी कला को निखारने में मदद मिली। इनकी राय में, आज के माता-पिता बच्चे को प्रताड़ित करते हैं, बहुत ज्यादा तंग करते हैं! इन्होंने चौवन वर्ष तक टाइम्स ऑफ इंडिया में काम किया। ये कहते हैं कि उनकी सफलता का रहस्य कठोर परिश्रम है। इन्हें कौए का चित्र बनाना बहुत अच्छा लगता है, क्योंकि कौआ बुद्धिमान प्राणी है। यह उसके रंग और आकृति से प्रमाणित होता है।

स्रोत—*रीडर्स डाइजेस्ट।*

□

भाग-2

क्या आपका विद्यार्थी मन नियम से विश्लेषण करता है?

1

अपने गुणों पर ध्यान केंद्रित करें

1. आत्म-विश्वास

यह गुण किसी कार्य को दक्षतापूर्वक एवं प्रभावी ढंग से संपन्न करने की शक्ति का बोध है। यह आत्म-आश्वासन है, जो व्यक्ति की ऐसी परिस्थितियों या वातावरण पर निर्भर करता है, जहाँ वह कार्य संपन्न कर सकता है। आत्म-विश्वास व्यक्ति के उन मूल्यों के समूह में निहित होता है, जिसके परिणामस्वरूप आत्मसम्मान उत्पन्न होता है। हममें से अधिकांश लोग अपना सम्मान नहीं करते, लेकिन दूसरों से उम्मीद करते हैं कि वे हमारा सम्मान करें। यदि आप भी इसी सिद्धांत का पालन करते हैं तो आप कभी भी अपनी कद्र करना नहीं सीखेंगे या दूसरे आपका सम्मान नहीं करेंगे। अपने पर उचित भरोसा रखें, न ज्यादा और न कम। यह कला है, कोई विज्ञान नहीं।

2. ईमानदारी

हम जन्म से ही यह शब्द सबसे ज्यादा सुनते हैं। अनेक वर्षों तक सुनने के बाद यह शब्द करनी नहीं, हमारी कथनी मात्र बनकर रह जाता है। सरल शब्दों में—ईमानदारी के मायने लोगों से व्यवहार करते समय स्पष्ट रूप में, खुलकर बात करना है, कार्यों में साफगोई लाना है। ईमानदारी में निष्ठा, सत्यनिष्ठा एवं सच्चाई का समावेश होता है। हमें पहले अपने प्रति ईमानदार होना है और इसके बाद

किसी और के प्रति। हमें इसका पुरस्कार मिलेगा और अंततः आनंद व संतुष्टि के रूप में सफलता प्राप्त होगी।

3. विनम्रता

अपने प्रति यथार्थवादी दृष्टिकोण अपनाना तथा सरल व्यक्ति के रूप में व्यवहार करना है। अधिकांश अवसरों पर विनीत रहना है, लेकिन जब कोई महत्त्वपूर्ण मौका आए तब अपने दृष्टिकोण पर टिके रहना है। अनेक लोग विनम्र होने का दिखावा करते हैं, लेकिन ऐसे लोग अकसर पकड़े जाते हैं। समाज वास्तव में ईमानदार लोगों की इज्जत करता है, यही ईमानदारी का सबसे बड़ा पुरस्कार है।

4. स्वावलंबन

आत्मविश्वास, दृढ़ता, रचनात्मक दृष्टिकोण से संपन्न तथा बुद्धिमान, आत्म-निर्भर एवं निर्भीक होकर अपने विचार और राय व्यक्त करनेवाला व्यक्ति स्वावलंबी होता है। उसके अपने विचार होते हैं तथा अपने प्रयासों में मिलनेवाली मदद के प्रति वह आशावादी होता है। ऐसा व्यक्ति किसी पर निर्भर नहीं होता; लेकिन वह अपने ज्ञान, कौशल और आत्मविश्वास पर टिका होता है। जब गांधीजी ने दांडी मार्च किया था, उस समय उन्होंने अकेले एवं स्वतंत्र रूप से शुरुआत की थी और चौबीस दिन बाद 1 लाख से भी अधिक व्यक्ति उनके साथ थे, जिन्हें मुनाफे या भोजन, आवास, यात्रा-भत्ते आदि की कोई चाह नहीं थी।

5. बुद्धिमत्ता

जब आप समझदारी (वर्षों से संचित अनुभव और प्रभाव) को ज्ञान से मिला देते हैं, तब बुद्धिमत्ता उत्पन्न होती है। यह प्रतिदिन प्रत्येक व्यक्ति से, स्थिति से सीखने की क्षमता है। यह विशिष्ट स्थितियों से आत्मविश्वास के साथ निपटने की मानसिक क्षमता है। इसके लिए अधिक-से-अधिक सूचना का संग्रह किया जाता है। यह संचित सूचना ज्ञान में परिणत हो जाती है और तब अपनी तथा दूसरों की समस्याओं पर काबू पाने में इसका (ज्ञान का) इस्तेमाल किया जा सकता है।

6. सकारात्मक दृष्टिकोण

इसका अर्थ शुभ एवं कल्याणकारी विचारों और इनसे संपन्न लोगों पर ध्यान केंद्रित करना है। हम अपने और अपनी टीम के सदस्यों के गुणों द्वारा सृजनात्मक ढंग से बाधाओं पर काबू पाने के लिए इस गुण को अर्जित करते हैं। हमारे मन-मस्तिष्क में उत्पन्न भावनाओं और अनुभूतियों का संचय है। हम उत्पादन तथा गुणवत्ता पक्ष से जुड़े प्रबंधक हैं, इस नाते हम सकारात्मक दृष्टिकोण उत्पन्न कर सकते हैं। शुभ दृष्टिकोण ही सही दृष्टिकोण होता है। यह शक्ति का स्रोत है, जो प्रत्येक व्यक्ति को सही दिशा की ओर प्रेरित करता है।

7. लोक-व्यवहार/विवेक

यह ऐसी शक्ति या गुण है जो समय, धन और पदार्थ जैसे संसाधनों के इस्तेमाल में विवेकपूर्ण, सुव्यवस्थित ढंग से समझदारी और सावधानी बरतने का परिणाम है। लोक-व्यवहार/विवेक का अर्थ लेन-देन करते समय तथा पैसा लगाते समय जोखिम के प्रति सतर्कता बरतना है। जब कोई व्यक्ति यह कहता है कि आप व्यवहार-कुशल व्यक्ति हैं, तो यह आपकी बहुत बड़ी प्रशंसा है। इसका अर्थ है कि आप सुशील हैं तथा आप अपने कारोबार संबंधी मामलों तथा पारिवारिक मामलों में विवेक का इस्तेमाल करते हैं।

□

2

अपनी कमियों को पहचानें

सभ्यता के आदि काल से ही मानव जाति में कुछ मूलभूत कमियाँ पाई जाती रही हैं तथा संभवतः इसी कारण हमारे लिए 'रामायण' और 'महाभारत' जैसे ग्रंथों की रचना हुई। यहाँ उन कमियों को स्पष्ट किया गया है।

1. ईर्ष्या

सर्फ के विज्ञापन में 'उसकी साड़ी मेरी साड़ी से सफेद क्यों?' के साथ ईर्ष्या का एक अलग उदाहरण 'महाभारत' में मिलता है, जहाँ द्रोणाचार्य ने एकलव्य का अँगूठा माँग लिया था।

2. क्रोध

लक्ष्मण के बारे में प्रसिद्ध था कि उन्हें क्रोध जल्दी आ जाता था। इस आदत के कारण उन्हें काफी भुगतना पड़ा। श्रीराम उनके कृत्यों पर ध्यान नहीं देते थे। कहानी को याद करके इस पर विचार करें। मुझे लक्ष्मण और माचिस की तीली से इस दिशा में प्रेरणा मिली।

छोटी सी तीली का सिरा होता है, लेकिन उसमें सोचने की क्षमता नहीं होती। इसलिए जब कभी उसे घिसा जाता है, तत्काल लपट उठ जाती

है। हमारे पास सिर भी है, दिमाग भी। इसलिए भावावेग में कोई प्रतिक्रिया न करें। हमेशा मुसकराएँ—चारों ओर मुसकान फैल जाएगी। याद रहे—क्रोध के गर्भ से खतरा उत्पन्न होता है। या यों कहें कि अंग्रेजी के शब्द 'Anger' में 'Danger' का मात्र 'D' वर्ण ही लुप्त है, अर्थात्—(D + Anger = Danger)।

3. प्रतिशोध

रावण से प्रेरणा मिली है कि प्रतिशोध के वशीभूत होकर कितनी गलतियाँ हो ज़ाती हैं।

4. अहं

राजा दशरथ में इतना अहंभाव था कि वे देखे बिना सिर्फ कानों से सुनकर ही शब्दभेदी बाण चला सकते थे। इसका दर्दनाक परिणाम सामने आया। उनके इस अहंभाव के कारण ही अज्ञानता और लापरवाही का जन्म हुआ था।

5. निर्णय न ले पाना

प्रस्तुत कहानी निर्णय न ले पाने की कमी का उत्कृष्ट उदाहरण है।

एक बार एक चोर पकड़ा गया। राजा के सामने वह कसूरवार पाया गया। लेकिन उदार राजा ने उसे मौका दिया कि वह या तो सौ जूते खाए या सौ प्याज। जूतों की मार के डर से चोर ने प्याज खाने की सजा कबूल की। उसने प्याज खाने शुरू कर दिए। दस प्याज खाने के बाद उसका मुँह जलने लगा और उसकी आँखों से आँसू बहने लगे। अब वह और ज्यादा प्याज नहीं खा सकता था।

उसने अनुनय की, "महाराज, मुझ पर रहम करें! मैं प्याज की जगह जूतों की मार खाना चाहता हूँ!"

राजा ने आदेश दिया कि इस चोर की सजा बदल दी जाए। उसे पच्चीस जूते ही मारे गए थे कि वह और अधिक देर तक खड़ा नहीं हो सका। वह बोला, "महाराज, मुझे प्याज खाने हैं!" इस तरह से उसने नब्बे प्याज और सौ जूते खाए।

यदि कोई बहुत निकट मुद्दा पैदा नहीं होता तो कोई एक राह निश्चित कर लें। यदि आपका फैसला गलत है तो उसे सही भी कर सकते हैं।

6. लोभ

आवश्यकताएँ पूरी की जा सकती हैं, लेकिन लालच कभी कम नहीं होता। हममें से अधिकांश लोग लोभी होते हैं और इसीलिए हमें बहुत कुछ भुगतना पड़ता है। अपने मन की आवाज सुनें—आपको वास्तव में इसकी जरूरत है ? अपने मन-मस्तिष्क में हिसाब लगाएँ।

7. चिंता

जहाँ तक मेरा सवाल है, ऐसी पुस्तकों से मुझे बहुत मदद मिली है, जिनका विषय 'स्वावलंबन' रहा है। मेरा चित्त शांत है। इस आनंदमयी स्थिति के सृजन में मेरे मित्रों और गुरुजनों ने श्रीकृष्ण की भूमिका निभाई है।

> कभी भी महत्त्वपूर्ण कार्यों के इर्द-गिर्द तात्कालिक कार्यों का झुरमुट न बनने दें।
>
> **—कैली कैटलिन वॉकर**

□

3

अवसरों का मूल्यांकन करें

मानव होने के नाते हमें पहले ऐसे अद्भुत अवसर कदापि नहीं मिलते थे। आज जीवन आरामदायक हो गया है। हमारे पास पर्याप्त अवसर आते हैं। आज पूरा विश्व एक गाँव के आकार में सिमट गया है—अर्थात् 'वसुधैव कुटुंबकम्' की उक्ति चरितार्थ हो रही है। फिर भी, हम चिंतित हैं। किसी व्यक्ति के कारण हमें तब तक चिंता नहीं होती जब तक हम ऐसा होने नहीं देते।

1. उत्तम संप्रेषण

पहले संप्रेषण प्रक्रिया इतनी विकसित नहीं थी जितनी आज है। आज संप्रेषण-कौशल चरम बिंदु पर है। अनोखी घटना यह हो रही है कि एयरटेल के सुनील मित्तल जैसे साधारण लोग संप्रेषण जगत् में धाक जमा रहे हैं! 'दैनिक भास्कर' में मेरे मित्र श्री प्रकाश बियानी अपने इंदौर के ऑफिस पहुँचे और अगले 30 मिनट में बीस पृष्ठों का लेख इ-मेल से पहुँच गया! यह कार्य इतनी आसानी से हुआ और इतनी तेजी से हुआ कि मैं सचमुच हैरान था!

2. श्रेष्ठ ज्ञान

मैंने अपने रिसर्च एसोसिएट से कहा कि हिमशैल (Iceberg) पर कुछ जानकारी दें। मैंने इस पुस्तक के मुखपृष्ठ पर उसी का चित्र दिया है। अगले 30

मिनट में मेरे पास 'एन्साइक्लोपीडिया ब्रिटानिका' से 5 हजार शब्दों का लेख तथा बीस से ज्यादा पृष्ठों की जानकारी इंटरनेट से मिल गई थी। इतनी सामग्री के साथ मैं अपनी कुरसी से उठे बिना विशेषज्ञ जैसा लेख लिख सकता था। इसे 'पुस्तकालय अनुसंधान' कहा जाता है।

3. श्रेष्ठ सूचना

अवसरों को क्रिया में परिणत करने के लिए व्यक्ति को प्रासंगिक सूचना संचित करनी पड़ती है। अनेक पत्र-पत्रिकाओं तथा समाचार-पत्रों में इतनी जानकारी उपलब्ध होती है कि मुक्त एवं विशाल रूप में उपलब्ध कारगर सूचना का चयन करना भी चुनौतीपूर्ण कार्य हो जाता है।

4. उत्तम स्वास्थ्य सेवाएँ

भारत में स्वास्थ्य या चिकित्सा संबंधी सर्वोत्तम सुविधाएँ मौजूद हैं। जब मेरे पिताजी की आयु पचपन वर्ष थी तो मेरे पिताजी चल बसे थे, क्योंकि उस समय एंजियोग्राफी जैसी सुविधा उपलब्ध नहीं थी, अन्यथा मेरे पिताजी बच जाते। आज मेरी एक बार बाईपास सर्जरी ही चुकी है तथा एक बार एंजियोप्लास्टी हो चुकी है और तीन-तीन स्टेंट्स डाले जा चुके हैं, लेकिन ऑफिस की दावतों तथा सामाजिक समारोह में जमकर खाने-पीने का आनंद लेकर भी मैं आज पचहत्तर वर्ष से अधिक आयु में स्वस्थ जीवन बिता रहा हूँ। मेरी मौज-मस्ती का श्रेय एस्कॉर्ट तथा उसके डीलर्स द्वारा की गई आवभगत को जाता है! बाद में मैंने अपना 17 कि.ग्रा. वजन (93 से 76 कि.ग्रा.) कम कर दिया था। हमारे पास अच्छी मेडिकल बीमा पॉलिसी का होना भी जरूरी है।

5. उत्तम परिवहन व्यवस्था

जब मेरे पिताजी ने काम करना शुरू किया था तब उनके पास साइकिल थी। मेरे पास मोटरसाइकिल थी और आज मेरे बेटे के पास हुनदई कार है। हो सकता है कि मेरे पोते-पोतियों के पास अगले 15 से 25 वर्षों में हेलीकॉप्टर हो! जब मैं सन् 1957 में एम.बी.ए. की पढ़ाई हेतु यू.एस.ए. गया था तब 45 दिनों में वहाँ पहुँचा था; किंतु आज मात्र 14 घंटों में न्यूयार्क पहुँचा जा सकता है।

6. उत्तम शिक्षा

यदि आपके बच्चे अच्छे हैं अथवा होशियार हैं तो वे श्रीराम कॉलेज ऑफ कॉमर्स से पढ़ाई कर सकते हैं, जहाँ पूरे साल की फीस लगभग 2 हजार रुपए है। यदि वे ऐसे ही अच्छे बने रहते हैं तो वे आई.आई.एम. से पढ़ाई पूरी कर सकते हैं तथा इसके बाद उन्हें 1 करोड़ रुपए प्रतिवर्ष का पैकेज मिल सकता है। वास्तव में यही निवेश है। लेकिन यदि आप बच्चों का विकास करने की बजाय उनका जरूरत से ज्यादा लाड़-दुलार करते हैं तो उसका परिणाम उचित नहीं हो सकता है।

7. अच्छे मित्र

आपके एक जैसे मिजाज के अनेक मित्र हो सकते हैं, इसका कारण सुअवसरों का होना है। हमारे पास मन मुताबिक दोस्त हो सकते हैं। लगभग प्रत्येक व्यक्ति सुशिक्षित है। सभी अनुभवी हैं तथा उन्हें अनेक मौके मिलते हैं। आपको श्रीकृष्ण जैसे मित्र मिल सकते हैं। आपके सानियास्नैन खान, शेखर मल्होत्रा, जैल तारापोर, डॉ. मनमोहन सिंह लूथरा जैसे मित्र हो सकते हैं, जो आपके जीवन एवं व्यक्तित्व को गढ़ते हैं।

□

4

खतरों की खोज

जीवन किसी मिठाई के टुकड़े के समान मीठा नहीं है। यह खट्टा-मीठा व कड़वा है। आज की दुनिया में ऐसे अनेक खतरे विद्यमान हैं—

1. **खराब स्वास्थ्य :** ठीक है, मधुमेह जैसी बीमारी पर नजर रखें।
2. **खराब कारोबार :** न्यूयॉर्क में क्या हुआ, उसका आप पर क्या असर पड़ा! जैसे—बर्ड फ्लू का।
3. **अनुशासनहीनता :** वाक्-स्वातंत्र्य कभी-कभी गलत बोलने के लिए गलत बरताव करने का लाइसेंस बन जाती है, जैसे—दिल्ली पब्लिक स्कूल में एस.एम.एस. का मामला।
4. **प्राकृतिक आपदा :** गुजरात के भूकंप या सुनामी की तबाही को कभी न भूलें।
5. **बुरी संगत :** मित्र ऐसा व्यक्ति होता है, जो आपका साथ अकसर देता रहता है। ऐसा व्यक्ति जीवन में आपके साथ रहता है और आपके काम आता है। उदाहरण के लिए—महाभारत में शकुनि और कर्ण जैसे लोग दुर्योधन को गलत नीतियाँ सिखाते रहते थे। इस प्रकार बुरी संगति ने दुर्योधन का जीवन तबाह कर दिया। हमेशा याद रखें—हमारे परिवार के सदस्य और रिश्तेदार हमारी पसंद के नहीं हो सकते, लेकिन हम अपना मित्र हमेशा अपनी पसंद से चुनते हैं; इनमें से कुछ हमारे संगी

बन जाते हैं। ये लोग हमसे दूर या पास हो सकते हैं, इसलिए उनका हमारी चिंतन-शक्ति पर असर पड़ता है—अर्थात् हमारी सोच पर सकारात्मक या नकारात्मक प्रभाव पड़ता है।

6. **चिंता :** यह किसी संभावित खतरे या परेशानी की शंका से मन में उत्पन्न बेचैनी है। यह हमारा डर हो सकता है। चिंता प्राय: व्यक्ति के मन में कतिपय हालात या खतरे का सामना करने के लिए स्वयं की क्षमता के बारे में उत्पन्न होनेवाला संदेह है, कुछ मौकों पर अक्षम या असमर्थ होने की प्राकृतिक भावना है। इस भावना पर काबू पाने का कारगर तरीका है—सक्रिय होना, व्यस्त रहना, सहायता माँगना तथा इस बारे में यह जानना कि आप क्यों और किस बारे में चिंतित हैं। जब हमारे मन में सकारात्मक अभिवृत्ति उभरती है तब चिंता लाभप्रद होती है और जब हमारे मन में नकारात्मक अभिवृत्ति उत्पन्न होती है तब यही चिंता हानिकर हो जाती है।
7. **एकाग्रता की कमी :** जब 76 से अधिक चैनल, टी.वी., वीडियो, डी.वी.डी. और एकता कपूर के धारावाहिक हों, तो ऐसी स्थिति में एकाग्र होना कितना कठिन हो जाता है! एकाग्र होने के लिए हमें संत जैसी चित्तवृत्ति लानी होती है। अपने चित्त का रिमोट कंट्रोल अपने पास रखना होता है।

नया दृष्टिकोण

श्रेष्ठ राष्ट्रपति एवं कुशल प्रबंधक के रूप में अब्राहम लिंकन हर शिकायत का जवाब देते थे। उनके सचिव उनके पास हस्ताक्षर के लिए पत्र भेजते थे, जिस पर छोटे-से-छोटा संशोधन करके लिंकन हस्ताक्षर करते थे। उनके सचिव नए सिरे से पत्र लिखते और पुन: पत्र भेजते। एक दिन उनके धैर्य को परखने के लिए सचिव ने सात बार एक ही पत्र उन्हें भेजा। लिंकन ने आठवीं बार संशोधन करके पत्र लौटाया। अंत में सचिव ने लिंकन से पूछा कि "इसके पीछे तर्क क्या है?"

लिंकन ने सीधा-सरल जवाब दिया, "देखो, मैं नागरिकों को यह बताना चाहता हूँ कि मैं जिस पत्र पर हस्ताक्षर करता हूँ, उसे ध्यान से पढ़ता हूँ।"

क्या आप अपनी एसोसिएशन में हमेशा दुःखीराम बनकर रहते हैं?

1. जितना आपके लिए तय है या जितना आपको मिलता है, उसी अनुपात में आप भाग लेते हैं। बाकी चीजें दूसरे लोगों पर छोड़ देते हैं। फिर, शिकायत करते हैं कि एसोसिएशन में कोई आपकी आवाज नहीं सुनता।
2. आप तमाम मीटिंग तथा मिलने के लिए तय किए गए समय या कार्यों से यह कहकर मना कर देते हैं कि आप बहुत ज्यादा व्यस्त हैं। फिर जोर-शोर से आप सलाह देते हैं कि काम कैसे किया जाना चाहिए।
3. तब भी यदि आपको कार्यकारी समिति में शामिल किया जाता है तो आप कोई काम नहीं करते हैं। फिर यह शिकायत करते हैं कि एसोसिएशन का विकास रुक गया है।
4. यदि आप आम सभा की बैठक में जाते हैं तो कोई नया विचार व्यक्त नहीं करते, फिर दूसरों द्वारा व्यक्त विचारों की जमकर आलोचना करते हैं।
5. अपनी प्रतिभा का अपनी इच्छानुसार इस्तेमाल नहीं करते। इसका कारण अहं की पूर्ति होता है और फिर शिकायत करते हैं कि आपसे कभी कुछ पूछा नहीं जाता, न ही कभी तारीफ की जाती है।
6. आप देय रकम की तुरंत अदायगी यह सोचकर नहीं करते कि यह बहुत ज्यादा है। और फिर शिकायत करते हैं कि वित्तीय प्रबंधन बहुत खराब है।
7. दूसरों को सदस्य बनने के लिए प्रोत्साहित नहीं करते—यह विक्रय से जुड़ा गुण है। फिर शिकायत करते हैं कि एसोसिएशन की सदस्यता नहीं बढ़ रही।
8. 'यह कोई खास नहीं है' कहकर मुख्यालय की डाक न पढ़ते हैं, न जवाब देते हैं और शिकायत करते हैं कि आपको कुछ बताया नहीं जाता।
9. नौकरी तथा पते में आए परिवर्तन के बारे में सूचना नहीं देते—यह दूसरों की ड्यूटी है कि इस बारे में पता लगाएँ। फिर शिकायत करते हैं कि आपको पत्र तथा बुलेटिन नहीं मिलते। यदि संयोगवश आपकी एसोसिएशन खूब तरक्की कर रही है तो अपनी निष्क्रियता की जानकारी होने के बावजूद ऐसा कोई मौका नहीं चूकते, जब आप छोटों को यह बताते हैं कि सफलता के वर्तमान स्तर तक एसोसिएशन को लाने के लिए हमने कितना कुछ किया।

□

भाग-3

सफलता और आनंद-प्राप्ति के लिए अपने परिवार से मधुर संबंध बनाए रखें।

1

अपने पारिवारिक संबंधों को मधुर बनाने के आसान तरीके

परिवार में मात्र पति-पत्नी, पुत्र-पुत्रियाँ, दादा-दादी, चाचा-ताऊ, बुआ, पोते-पोतियाँ ही नहीं होते। प्रत्येक सदस्य का अपना दृष्टिकोण एवं खास जरूरतें होती हैं, जिम्मेदारियाँ होती हैं तथा परिवार की बृहत्तर इकाई के भीतर उनके कर्तव्य होते हैं। प्रत्येक की अपनी खूबियाँ, कमियाँ तथा विशेषताएँ होती हैं। यह ठीक है कि परिवार के सदस्यों के बीच पारस्परिक क्रियाओं से संघर्ष, टकराव तथा तनाव उत्पन्न हो सकते हैं। लेकिन इससे परिवार के सदस्यों के बीच आनंद, तृप्ति तथा कल्याण की भावना भी उत्पन्न हो सकती है।

हमारे देश में हमेशा परिवार के मूल्यों को सँजोकर रखा जाता है। हमारे महाकाव्यों, महान् व्यक्तियों, यहाँ तक कि फिल्म और टी.वी. धारावाहिक जैसे मनोरंजन के इलेक्ट्रॉनिक साधनों तक ने परिवार के बीच मानवीय संबंधों को बनाए रखने पर बल दिया है। लेकिन इसके साथ-साथ आज ये मूल्य चारों दिशाओं से विभिन्न दोषों से घिरे हैं। टी.वी. और वीडियो की भरमार ने हमारे घरों पर भी धावा बोल दिया है तथा हमें 'विश्व कुटुंब' का सदस्य बना दिया है। हम चाहें या न चाहें, लेकिन परिवर्तन अवश्यंभावी है। इस बदलते दौर में समय के साथ मिलकर चलने के लिए हमें सार्थक और मूल्यवान् मूल्यों को सँजोकर रखने की भरसक कोशिश करनी है।

जीवन भी एक विडंबना है। जब आप टी.वी. खरीदते हैं तब आपको एक पुस्तिका दी जाती है, जिसमें टी.वी. का इस्तेमाल करने की आवश्यक जानकारी होती है। लेकिन जब हम पैदा होते हैं, रोजगार में आते हैं या शादी होती है तब ऐसा कुछ नहीं मिलता। कोई आपको ऐसा मैन्युअल नहीं देता, जिसमें माँ-बाप, दादा-दादी बनने के लिए कुछ विशेष हिदायतें दी गई हों। इस तरह हम सब संकट आने पर अथवा क्लेश के कारण घबरा जाते हैं, गड़बड़ी कर देते हैं या गलतियाँ कर जाते हैं।

अठारहवीं शताब्दी में जोसेफ एडीसन ने कहा था, "इस जीवन में सबसे जरूरी काम किसी से प्रेम करना है तथा कोई आशा लगाए रखना है।" वर्तमान की चिंतनधारा के अधिक अनुकूल बीटल्स के गीत हैं, जिनमें हमें याद दिलाया जाता है कि—'हमें सिर्फ प्यार की जरूरत है।' सच्चे मित्र, वफादार कर्मचारी, सच्चा प्रेम या निष्ठापूर्वक आदर-भाव जैसा खजाना खरीदा नहीं जा सकता। क्रिस्टल, कालीन और झाड़फानूस के उपयोग से मकान सुंदर बनता है; लेकिन उस मकान में रहनेवाले लोगों के चेहरों की मुसकान से ही मकान 'घर' बनता है। घर का प्रत्येक सदस्य ऑर्केस्ट्रा के सदस्य जैसा होता है। प्रत्येक सदस्य को लय-ताल मिलाकर वाद्य यंत्र बजाना होता है, तभी सुरीला संगीत उत्पन्न होता है, अन्यथा ऑर्केस्ट्रा से मात्र 'शोर' ही उत्पन्न होता है।

शादी के प्रारंभिक वर्ष 'मधुमास' हो सकते हैं। लेकिन दुर्भाग्यवश अकसर यही मधु खटास और कभी-कभी कड़वाहट में बदल जाता है। पति-पत्नी विवाह की नाकामी के लिए एक-दूसरे पर आरोप लगाते हैं। पति में कमियाँ हो सकती हैं, और इसी तरह से पत्नी में भी कमियाँ हो सकती हैं। लेकिन यदि दोनों प्यार से रहते हैं और एक-दूसरे का सम्मान करते हैं तो वे एक-दूसरे की कमियों को ढक देंगे तथा अपनी कमियों पर काबू पा लेंगे। वे जीवन भर साथ-साथ चलते रहेंगे और जीवन का सफर हँसी-खुशी तय कर लेंगे।

एक राज्य में एक राजा और एक रानी थी। उन्हें सभी खुशियाँ प्राप्त थीं, लेकिन उनके कोई संतान नहीं थी। बचपन में हमने ऐसी अनेक कहानियाँ सुनी हैं। कोई साधु या ऋषि-मुनि आकर रानी को जादू का फल खाने के लिए देता है। कुछ समय बाद रानी एक सुंदर एवं स्वस्थ बच्चे को जन्म देती है, जो आगे चलकर खूबसूरत राजकुमार या राजकुमारी बनती है।

बच्चों को हमेशा विश्व की सर्वाधिक मूल्यवान् धरोहर माना जाता है। बच्चे

भविष्य के लिए आशा की किरण होते हैं। सफल माँ-बाप का मुख्य कर्तव्य यही है कि वे बच्चों का इस प्रकार पालन-पोषण करें कि वे बड़े होकर श्रेष्ठ तथा सामंजस्य रखनेवाले नागरिक बनें। तथापि कभी-कभी माँ-बाप पार्ट-टाइम भूमिका निभाते हैं, घर में 'आया' द्वारा पोषित अथवा बंद दरवाजों के भीतर पलनेवाले बच्चे सामने आते हैं। माँ-बाप के पास इतना भी समय नहीं होता कि वे बच्चों को पूरा प्यार दे सकें। इसकी बजाय अपनी इस लापरवाही को ढकने के लिए वे बच्चों को महँगे-से-महँगे खिलौने या भेंट देते हैं—कंप्यूटर गेम्स, स्टीरियो, वीडियो तथा महँगी कारें। माँ-बाप से बच्चे सीखते हैं, लेकिन माँ-बाप भी बच्चों से बहुत कुछ सीखते हैं।

बच्चों को बेहतरीन शिक्षा तब मिलती है जब वे अपने दादा-दादी, चाचा-ताऊ, मामा, दोस्तों अथवा रिश्तेदारों के साथ खेलते हैं। जब बच्चों को खूब सारा प्यार-दुलार मिलता है, तब वे कदापि नहीं बिगड़ते। बच्चों के बिना यह दुनिया कितनी 'वीरान' जगह होती! वहीं वृद्धजनों के बिना इस दुनिया में इनसानियत नहीं होती!

इस लेख में हर व्यक्ति के लिए कुछ-न-कुछ लिखा गया है, चाहे वह वृद्ध हो, युवा हो, नव-विवाहित हो या विवाहित हो; इसमें पति-पत्नी, बेटों-बेटियों, सास-ससुर, दादा-दादी और पोते-पोतियों—सभी के लिए संदेश दिया गया है। तथापि आजकल पृथक् इकाईवाले परिवार हैं। दो व्यक्तियों के बीच विद्यमान संबंध का परिवार के अन्य संबंधों पर भी प्रभाव पड़ता है। उदाहरण के लिए, जब पति और पत्नी के बीच संबंध की बात की जाती है तब बच्चे, सास-ससुर, अन्य रिश्तेदार तथा यहाँ तक कि मित्र भी इनके प्रभाव से अछूते नहीं रह सकते। इसलिए इस पुस्तक का कोई भी अंश परिवार के किसी सदस्य के लिए असंगत नहीं है। अतः पुस्तक के प्रत्येक अंश का अध्ययन आवश्यक है।

याद रखें कि हमारा मन जमीन का ऐसा टुकड़ा है, जिस पर हम आनंद या विषाद के बीज बो सकते हैं। विनोदप्रियता, समझ-बूझ अपने अनुभव तथा समय की कसौटी पर परखी गई तकनीकें हैं।

गलतफहमी से कैसे बचें?

- मैंने अपने बेटे से मिलने का कार्यक्रम बनाया तथा उसे एस.एम.एस. भेजा—'हमारे साथ 8.00 बजे डिनर करना मत भूलना।'
- मुझे जवाब मिला—'नो, आई वांट सी यू टूमारो।'
- अपना बच्चा होने के नाते मैंने उसे दोबारा कॉल की। उसने बताया कि उसने यह एस.एम.एस. भेजा—'नो आई वांट, सी यू टूमारो।'

परिवार का कारोबार सँभालना ऐसा कार्य है जैसे आइसक्रीम पर बटन टाँकना

परिवार संबंधी महामंत्र : सोचो, पूछो, करो

इस लेख में यह दरशाने का प्रयास किया गया है कि व्यवसाय से जुड़ा परिवार किस प्रकार से संबंध कायम रखता है, ताकि व्यवसाय और परिवार दोनों में कहीं बाधा न आए। परिवार में स्वस्थ परिवेश बना रहे और इसके बाद अनेक पीढ़ियों तक यह परंपरा बनी रहे। आपको सिर्फ यह करना है कि परिवार के लिए दिशा-निर्देश तैयार किए जाएँ, परिवार में ऐसा परिवेश तैयार किया जाए जो सतत बना रहे। यह अनवरत रहेगा, क्योंकि ऐसा परिवेश या संस्कृति ही सफल होती है तथा परिवार के सदस्य ऐसी संस्कृति, परिवेश को प्रत्यक्ष देखते हैं, जिससे उन्हें खुशी और समृद्धि मिली। मैं इस बारे में आपको कुछ कहानियाँ सुनाना चाहूँगा; कुछ व्यक्तिगत अनुभव तथा ऐसी बातें बताना चाहूँगा, जो मैंने दूसरों से सीखीं। अब यह आप पर निर्भर करता है कि इससे आप भी कुछ सीखें तथा अपने परिवार और कारोबार में समृद्धि लाएँ। ज्ञान आपके भीतर निहित है, शायद आपको भी इसका पता न हो, इसके बारे में कोई बात न की हो, लेकिन ज्ञान आपके भीतर विद्यमान है। जब मैंने इसे अपने गुणों से मिश्रित करने की कोशिश की तब इस अव्यक्त, अवचेतन मन के विचार को मूर्त एवं ठोस रूप मिला। यही इस पुस्तक का सौंदर्य है, विशेषता है। एकमात्र उत्तम पुस्तक व्यक्ति का जीवन बदल देती है, मानो अँधेरी गुफा दीपक की लौ से जगमगा उठी हो। और उस गुफा के पीछे छिपा भंडार नजर आने लगे। यह भंडार, अमूल्य खजाना हमेशा आपके भीतर होता है। लेकिन इसका पता लगाने के लिए दीपक की जरूरत होती है। कोई व्यक्ति इसे देखकर भुला देता है। देखता है और उसकी उपेक्षा कर देता है। देखता है और यह शिकायत करता है कि उसके पास उस दबे खजाने को खोदकर निकालने तथा इस्तेमाल करने का समय नहीं है। जब तक समस्त भंडार (ज्ञान, कौशल, प्रतिभा) का इस्तेमाल नहीं होता, उसे तराशा नहीं जाता तथा दूसरों तक पहुँचाया नहीं जाता तब तक यह खजाना चमकीले छोटे-छोटे कंकड़ों का ढेर मात्र है, जिसका कोई मूल्य नहीं। स्वर्ण और हीरे-जवाहरात के लिए मनुष्य परस्पर लड़ते-झगड़ते रहते हैं और यहाँ तक कि एक-दूसरे की जान तक ले लेते हैं। ये कीमती पत्थर और धातु पृथ्वी के गर्भ से निकाले जाते हैं तथा मनुष्य ही इसका मूल्य

आँकता है। अन्यथा स्वर्ण मात्र पीली धातु है तथा हीरा कोयले का बदला रूप! मैं जो कुछ कहना चाहता हूँ, क्या आप समझ रहे हैं? एक हजार रुपए का नोट वास्तव में तब तक छपा हुआ कागज का टुकड़ा है जब तक वह बाजार में नहीं पहुँचता।

आज यदि आप सबसे निचली सीढ़ी पर हैं, तभी आप ऊपर की सीढ़ी चढ़ पाएँगे

धन, स्वास्थ्य एवं संबंधों के क्षेत्र में व्यक्ति, व्यवसाय तथा परिवार की बहुमुखी सफलता हर कोई चाहता है। हममें से किसी के पास सबकुछ नहीं होता, लेकिन इसकी संभावना रहती है कि हम उसके लिए प्रयास करते रहें। अनेक लोग इन क्षेत्रों में वास्तव में प्रयास किए बिना इसका इरादा ही छोड़ देते हैं। इसी वजह से आपको अनेक तनाव झेलने पड़ते हैं या अमीर लोग भी दुःखी रहते हैं। स्वस्थ लोगों की जेब में पैसा नहीं होता या संघर्षरत तथा गरीब लोग खुश रहते हैं, लेकिन उनके पास वित्तीय सुरक्षा नहीं होती। हमें सबसे पहले यह देखना है कि कौन सी मूल मानवीय आकांक्षाएँ पूरी नहीं हो पातीं। अन्य शब्दों में, उन क्षेत्रों का पता लगाएँ जहाँ हम सबसे नीचे हैं; क्योंकि यदि हम आज नीचे हैं तभी ऊपर चढ़ सकते हैं। जीवन के किसी क्षेत्र में कामयाबी पाने के लिए मैंने एक 'महामंत्र' तैयार किया है। यह ऐसा मंत्र है कि छोटा बच्चा भी इसे तत्काल समझ लेता है तथा हर चीज का पता लगा लेता है—सोचो, पूछो, करो।

1. सोचो

जन्म से ही प्रत्येक मनुष्य में एक समान खजाना होता है। यह खजाना है—हमारा मन। यदि हम स्वस्थ शिशु के रूप में जन्म लेते हैं तब हमारा मन भी एक समान होता है। यह मन स्पंज के समान होता है तथा त्वरित गति से आश्चर्यजनक रूप में जानकारी तथा ज्ञान सोखता है, लेकिन अंधाधुंध। बच्चा जो देखता है, सुनता है, आस्वादन करता है, सूँघता है तथा छूता है, हर चीज को सोचे-समझे बिना सीधे-सीधे सोखता जाता है। यह मानव जीवन की मूल नींव है। जैसे-जैसे बच्चा बढ़ता जाता है, उसके चारों ओर का परिवेश तथा माता-पिता, रिश्तेदार, पड़ोसी, मित्र एवं अतिथिगण जैसे लोग घर तथा स्कूल में सूचना और ज्ञान बच्चे के मन में भरते जाते हैं। थोड़े दिनों बाद जैसे ही बच्चा किशोरावस्था में प्रवेश

करता है, चुनिंदा प्रक्रिया आरंभ हो जाती है; क्योंकि बच्चे में किसी खास क्षेत्र या अन्य क्षेत्र में रुचियाँ विकसित होने लगती हैं। विचारणा-शक्ति सर्जनात्मक भी हो सकती है और विनाशक भी हो सकती है। सकारात्मक विचारणा आपके दृष्टिकोण को व्यापक बनाती है; जबकि नकारात्मक विचारणा (चिंता) आपको जकड़ लेती है। साथ ही एक अन्य स्थिति उत्पन्न हो जाती है—चिंतन शक्ति का अभाव। अनेक लोग सोचे-समझे बिना कुछ कहते हैं या कार्य करते हैं। बाद में हम पछताते हैं। कुछ ऐसे कार्य भी सोचे-समझे बिना हो जाते हैं, जिन्हें साहसी कार्य कहा जाता है। वस्तुतः सोचे-समझे बिना किए गए साहस भरे कार्यों या घटनाओं पर अंधाधुंध प्रतिक्रिया होती है। सभी देशों की सेनाओं में ऐसे अग्रणी सैनिक तैयार किए जाते हैं, जो सोचे-समझे बिना कार्य करें। इस विषय पर और अधिक चर्चा नहीं की जा सकती, लेकिन इसका मुख्य लक्ष्य यही है कि आप इस विषय की सामान्य जानकारी ले सकें।

2. पूछो

सीखने का सबसे बड़ा माध्यम 'पूछना' है। पूछने का अर्थ—वास्तव में दूसरों से प्रश्न पूछना है, जो हमसे ज्यादा जानते हैं। इसके अलावा पुस्तकें पढ़ना, यात्रा और नई-नई जानकारी हासिल करना है। पूछने की क्रिया मात्र अपने आस-पास के लोगों से प्रश्न पूछने तक ही सीमित नहीं है। उदाहरण के लिए, क्या आपने आइंस्टाइन से सापेक्षता के सिद्धांत के बारे में पूछा था तथा उन्होंने मुद्रित रूप में पुस्तकों के माध्यम से अथवा दूसरों द्वारा लिखित पुस्तकों के माध्यम से अपने कार्य के बारे में जवाब दिया था? पूछने की क्रिया उत्तर ढूँढ़ने से जुड़ी है। हम अपने प्रश्नों का उत्तर समूचे ब्रह्मांड से ले सकते हैं। आज हम इतने भाग्यशाली हैं कि आसान व बोधगम्य रूपों में या हमारे मन मुताबिक रूप में सूचना हम तक पहुँच जाती है। उदाहरण के लिए, अमर चित्रकथा ने 'कॉमिक' पुस्तकें प्रकाशित की हैं; लेकिन उनमें दी गई कहानियाँ मूलतः संस्कृत में रचित साहित्य का चित्रात्मक एवं अत्यधिक सरल पाठ हैं। अधिकांश बच्चे उन्हें पढ़कर रामायण, महाभारत और पंचतंत्र की कथाओं की जानकारी लेते हैं। मेरे खयाल में, यह अद्भुत प्रयास है।

3. करो

इस आलेख के माध्यम से आपको अनेक छोटे-छोटे विचार एवं मुद्दे मिलेंगे। मुझे आशा है कि अपने जीवन के लक्ष्य तक पहुँचने के लिए आपको सोचने तथा अधिक प्रश्न पूछने में मदद मिलेगी। उद्यत होने की अवस्था पर पहुँचने के बाद अब आपको कर्म करना है—और अभी करना है। इसका अर्थ है कि आपको अर्जित ज्ञान व्यवहार में लाना है। विचारों और जानकारी को कर्म (क्रिया) में रूपांतरित करना है। यह सर्वाधिक कठिन मोड़ है, लेकिन साथ ही यह चुनौती भी है। सबसे ज्यादा हास्यास्पद बात यह है कि ऐसा प्रतीत होता है कि प्रत्येक व्यक्ति अनेक समस्याओं का समाधान 'जानता' है, यहाँ तक कि वह समझता है कि व्यक्ति समूह, राष्ट्र और विश्व स्तर पर हमें प्रभावित करते हैं। लेकिन कुछ विशिष्ट व्यक्ति ही समाधान को अमल में ला पाते हैं। आप एक व्यवसायी हैं, आपके साथ आपका परिवार है। आपको व्यवसाय विरासत में मिला है। इस व्यवसाय को बनाए रखने और इसकी प्रगति के लिए आपको कुछ कार्य करने होंगे, उनकी संक्षिप्त बिंदुवार सूची बनानी होगी, ताकि जरूरत पड़ने पर उस सूची का संदर्भ ले सकें।

> इस पृथ्वी पर सबसे ज्यादा सरल एवं आसान समाधान यही है—
> व्यस्त हो जाओ, व्यस्त रहो।
>
> **—डेल कार्नेजी**

क्या आप अपने मन में सरल सकारात्मक अभिवृत्तियाँ बना रहे हैं?

1. 'आज मैं आपकी क्या सेवा कर सकता/सकती हूँ?'—अभिवृत्ति
2. आभारी होने की अभिवृत्ति। मन से 'शुक्रिया' अदा करना, अपना 'हक' न जताना।
3. तुरंत 'खेद' व्यक्त करना या 'सॉरी' कहना।
4. मन के बंधन खोलने की अभिवृत्ति।
5. 'क्या फर्क पड़ता है' बनाम 'बहुत फर्क पड़ता है'—कहने, सोचने, महसूस करने की अभिवृत्ति।
6. 'अपनों के काम आने' की प्रवृत्ति—शालीनता, शुभकामना, महत्त्व देना।
7. 'कोई भी व्यक्ति शत-प्रतिशत पूर्ण नहीं है'—ऐसा समझने और व्यक्त करने की अभिवृत्ति।
8. पारिवारिक स्थितियों के प्रति सकारात्मक प्रतिक्रिया करना, न कि ऐसी प्रतिक्रिया करना कि स्थिति बिगड़ जाए।
9. सुखीराम बनकर रहने की अभिवृत्ति, न कि दुःखीराम (सुखवंती : श्रीमान/श्रीमती सुखी बनाम दुःखवंती : श्री/श्रीमती सॉरी)।
10. पारिवारिक संबंधों से खुशी हासिल करने की अभिवृत्ति/गाय दूध नहीं देती, दूध निकाला जाता है। इसी तरह से खुशी दी नहीं जाती, ली जाती है।

□

2

पत्नी के साथ मधुर संबंध रखें

मैंने अनुभव से जाना है कि पति दो तरह के होते हैं—(1) गणेशजी तथा (2) गोबर गणेश। गणेशजी के समान पति उच्च विचार रखते हैं (बड़ा सिर), अधिक सुनते हैं (बड़े कान), कम बोलते हैं (छोटा मुँह), अधिक एकाग्रचित्त (छोटी आँख) होते हैं, 'धन्यवाद' कहते हैं (लड्डू), ईमानदार (कमल का फूल) होते हैं; मधुर शब्दों का इस्तेमाल करते हैं (सुगंध), धैर्यवान् (आशीर्वाद की मुद्रा में हाथ) होते हैं। जो व्यक्ति ऐसे कुछ गुणों से संपन्न नहीं होते हैं या कोई भी गुण नहीं रखते हैं, वे गोबर गणेश होते हैं। इसलिए, हमें कुछ अच्छी आदतें विकसित करनी हैं; अभी बहुत देर नहीं हुई है।

अनेक पति महसूस करते हैं कि पत्नी को खुश रखना लगभग नामुमकिन है। उनके इस रवैए से मैं सहमत हूँ। शायद शादी के पहले तीन वर्षों में या सेवा-निवृत्ति के समय पत्नी को खुश रखना संभव है। निश्चित रूप में इसका सरल समाधान है तथा इसका आसानी से पालन किया जा सकता है। यद्यपि मैं यह महसूस करता हूँ कि परम शक्ति ने जान-बूझकर इसके खिलाफ हमारे मन को 'प्रोग्राम' किया है। टाटा घराने के सर होमी मोदी ने कहा है, "हम दोनों हमेशा पूरी समझदारी बरतते हैं और जब कभी किसी बात पर असहमति हो जाती है, वह अपने रास्ते पर चल पड़ती हैं और मैं अपने रास्ते पर।"

पत्नी को प्रसन्न रखने के कुछ सूत्र

1. सबसे पहले जो वह कहती हैं, वही करें। हर सुबह अपनी पत्नी से पूछें कि क्या कोई ऐसा काम है, जो वह आपसे करवाना चाहती हैं? यह जाहिर करें कि आप उनका ध्यान रखते हैं। यह बहुत आसान है। समझ-बूझ से काम लें। आपकी पत्नी की नजर में छह ट्रैक्टरों की बिक्री के लिए चीफ इंजीनियर से मिलने की बजाय अपनी बेटी के स्कूल की अध्यापिका से मिलना ज्यादा जरूरी है।
2. अपनी गलतियों को मान लें। अपनी गलती पर माफी माँगना या सॉरी कहना सीखें। यदि आपकी गलती नहीं है, तब भी 'सॉरी' कहने से आप छोटे नहीं हो जाते। यदि आप सोचते हैं कि वह 70 प्रतिशत गलत है, तब भी 'सॉरी' कहने से क्या फर्क पड़ता है! इस भद्र व्यवहार से आपके संबंधों में मिठास बढ़ेगी।
3. मुसकराएँ। अपने बाह्य व्यक्तित्व के विकास का सबसे आसान तरीका मुसकान है। हँसें, सारी दुनिया आपके साथ हँसेगी, लेकिन आपको रोना अकेले पड़ेगा। हम इसलिए नहीं मुसकराते, क्योंकि हम खुश हैं; बल्कि हम इसलिए खुश हैं, क्योंकि हम मुसकराते हैं।

   हमारे पास जो कुछ है, उसके बारे में सोचें। हमें जीवन में जो सुख-आराम मिला है, उसके लिए हमें ईश्वर का आभारी होना चाहिए। सोचें, आभार व्यक्त करें और मुसकराएँ। ऊँचे स्वर में शाबाशी दें। जब हम मुश्किल दौर से गुजर रहे हों तब भी मुसकराएँ!
4. जल्दी निर्णय लें। उदाहरण के लिए, मेरी पत्नी की रोज-रोज की समस्या यह है (शायद अपनी माँ से विरासत में मिली है) कि वह रोज मुझसे पूछती हैं कि "आज डिनर में क्या बनाऊँ या कौन सी साड़ी पहनूँ? पहले मैं अकसर कहता था, "तुम मुझे क्यों परेशान करती हो? यह बड़ा आसान है, सिक्का उछालकर भी फैसला कर सकती हो।" वह परेशान हो जातीं। वक्त ने मुझे अधिक बुद्धिमान बना दिया। अब, जब भी वह मुझसे यह सवाल करती हैं, "आज डिनर में क्या बनाऊँ?" या ऐसे ही फिजूल के सवाल पूछती हैं, जो शायद उनके लिए खास हैं तो मैं प्रत्युत्तर में यह पूछने लगता हूँ, "बेगम, आप बताएँ कि आप क्या बना सकती हैं?" और वह कुछ चीजों के नाम लेतीं तथा मैं यों ही कुछ

चीजें चुन लेता हूँ। अधिकांशतः इस तकनीक का असर हुआ। निर्णय लेना बहुत मुश्किल काम है।

5. **सेब से सीख लें**—क्या आपने हर तरह से परिपूर्ण सेब देखा है? इसी तरह से आपको सर्वगुण-संपन्न पत्नी नहीं मिल सकती! पत्नी की कमियों पर ध्यान देने की बजाय उसके गुणों की सराहना करें। हो सकता है कि आपको ऐसा सेब मिले, जो देखने में बहुत बढ़िया है। लेकिन जब तक उसे काटते नहीं तब तक सेब के बारे में कुछ नहीं कह सकते। हो सकता है, भीतर से सेब सड़ा-गला निकले। हम आसानी से एक-दो जगह से दागी सेब चुन सकते हैं और बाद में वे दाग चाकू से हटा देते हैं, न कि हम ऐसा सेब ढूँढ़ते रहते हैं, जो भीतर या बाहर से बेदाग हो। मैं आपको केवल यही बताना चाहता हूँ कि आपको हर दृष्टि से एक उत्तम सेब नहीं मिल सकता। इसी तरह यह संभव नहीं है कि किसी पुरुष को सर्वगुण-संपन्न पत्नी मिलेगी या महिला को सर्वगुण-संपन्न पति मिलेगा। आप अपने 'मानसिक चाकू' से पत्नी की बुराइयों को हटा दें, उसके 96 प्रतिशत गुणों पर ध्यान दें।
6. अपनी पत्नी को प्रोत्साहित करें। उसे अपने गुणों को विकसित करने का मौका दें। उसे अपनी छिपी प्रतिभा को पहचानने दें। कुछ मामलों में यह वास्तविक नहीं लगता, लेकिन यह संभव है। इसका बहुत अच्छा अंजाम निकलेगा। उसे समाज-सेवा करने के लिए प्रोत्साहित करें। उसकी सफलता का आनंद उठाएँ। कोशिश करके देखें।
7. जब आपकी पत्नी चिल्लाए उस समय शांत रहें। वह जानती है कि दुनिया में आप ही अकेले इनसान हैं, जो उसकी बात सुन लेते हैं। यह आधुनिक जीवन का हिस्सा है। आप उसका 'पंचिंग बैग' बनें, अंततः वह आपकी सौभाग्यवती जीवन-संगिनी बनेगी।

□

3

अपने पति को गर्व का एहसास कराएँ

यदि आप अपने पति को गर्व का एहसास कराना चाहती हैं तो आपको बहुत ज्यादा प्रयास नहीं करना पड़ेगा। इस पर कुछ लागत भी नहीं आती। न तो आपको डिजाइनर घड़ी उपहार में देने की जरूरत है, न हीरे की अँगूठी—आपको सिर्फ मुसकान, आँखों में बस थोड़ी सी चमक भर लाने की जरूरत है। जरूरी नहीं कि किसी क्रम में आपको यह सबकुछ करना है, लेकिन आपकी मुद्राओं से आपके पति के पाँव जमीन पर नहीं पड़ेंगे। कोशिश करके तो देखें। आपको रोज यह सब नहीं करना है, सप्ताह में एक बार, माह में एक बार या वर्ष में एक बार। आपके पति बुनियादी तौर पर बहुत सीधे हैं। नारियल की तरह ऊपर से कठोर तथा भीतर से नरम!

पत्नी को महसूस करना चाहिए कि अपनी खुशी के लिए उसे अपने पति को खुश रखना है। सभी पुरुष पति के रूप में एक जैसे होते हैं। उनके भीतर छोटा सा लड़का होता है, जो प्यार-दुलार चाहता है; बाहर से वह पुरुष हैं। यह पक्का है कि आप अपने पति को बदल नहीं सकते। इसलिए वह जैसे हैं वैसे ही स्वीकार करें। यदि आप उनमें से ऐसी कुछ बातें हटाना चाहती हैं, जो आपको पसंद नहीं, तो कुछ वर्षों में धीरे-धीरे ऐसा करें।

पति को प्रसन्न रखने के कुछ सूत्र

1. कोई महिला किसी पुरुष को तभी बदल सकती है, जब वह बच्चा होता है!
   - अपने पति पर विश्वास रखें। जब आपको अपने पति पर भरोसा होगा तो उनमें आत्मविश्वास उत्पन्न होगा।
2. यदि आप अपने पति को खुश रखना चाहती हैं तो सबसे पहले स्वयं खुश रहें—विवाह के पश्चात् यह सीधा व सरल सत्य है।
3. आप चाहें तो अपने पति को शेर बना सकती हैं या फिर चूहा। वैवाहिक जीवन पर यूनानी मिथक 'पिगमेलियन प्रभाव' चरितार्थ होता है। यूनानी मिथक में पिगमेलियन एक पात्र है, जो अपनी बनाई मूर्ति से इतना प्रगाढ़ प्रेम कर बैठा कि वह मूर्ति जीवंत हो उठी।
4. अब, यदि आप सोचती हैं कि आपके पति बौने हैं तो एक-न-एक दिन ऐसा हो जाएगा। आपके मन में पति के बारे में बनी राय का उनके व्यवहार पर, विशेषतः आपकी उपस्थिति में, असर पड़ता है।
5. जब आपके पति आपको सुंदर फूल दें तो मुसकान के साथ उनको 'धन्यवाद' कहें। मैं ऐसे पति को जानता हूँ, जो हर सुबह उठते ही अपनी पत्नी को फूल देते हैं और उनकी पत्नी जवाब में कहती हैं, "इस उम्र में आप यह सब क्या करते हैं! बच्चे क्या सोचेंगे? यह फूल भगवान् को चढ़ाओ।"
6. जब आपके पति ऑफिस से आएँ तो अपनी ही खुशी की खातिर झल्लाहट न दिखाएँ। इस समय ऐसी कोई बात या काम नहीं, जो आपको मुसकराते हुए अपने पति का स्वागत करने से रोके। एक कप चाय या कॉफी पति को दें और साथ ही मन से भगवान् का शुक्रिया अदा करें कि आपके पति ऑफिस से खुशी-खुशी घर लौटे हैं।
7. अपने पति पर चिल्लाएँ नहीं। आपके पति संगीन से लड़ सकते हैं, लेकिन आपकी चूँ-चूँ, भौं-भौं के आगे उनकी एक नहीं चलती। जब आप परेशान होकर चिल्लाने लगती हैं तो वह भीगी बिल्ली बन जाते हैं। जब पति थके-हारे घर लौटते हैं तो उन्हें शांति चाहिए। इसलिए वह जवाब न देने की पूरी कोशिश करते हैं, बल्कि अपमान भी ठंडे दिमाग से झेल लेते हैं। हर शनिवार सुबह 11.00 बजे आत्म-विश्लेषण करें

और इस पर विचार करें कि इस सप्ताह आपने कैसा व्यवहार किया था। रविवार को स्वयं में सुधार लाने की योजना बनाएँ। इनसान गलती करता है तो इनसान ही क्षमा भी करता है।

सात फेरे लेते समय पति-पत्नी यह आशीर्वाद माँगते हैं—

1. भगवान् हमें जीने के लिए अन्न आदि दें।
2. भगवान् हमें शक्ति दें।
3. भगवान् हमें समृद्धि दें।
4. भगवान् हमें आनंद दें।
5. भगवान् हमें अच्छी संतान दें।
6. भगवान् हमें ऋतुओं का आनंद उठाने दें तथा दीर्घायु दें।
7. भगवान् हमें मिल-जुलकर रहने एवं निष्ठा का वरदान दें।

सभी महिलाएँ इस सूची को बाथरूम में शीशे पर लगाएँ। यह सोचें कि आपने इस पुस्तक से यह अंश निकालकर इस दर्पण पर लगा लिया है।

''जब मैं चौदह वर्ष का लड़का था तो मेरे पिताजी इतने अनजान थे कि मैं अपने पिता के पास खड़ा नहीं हो सकता था। लेकिन जब मैं इक्कीस वर्ष का हो गया तो मैं हैरान था कि इन सात वर्षों में उन्होंने कितना कुछ सीख लिया है।''

—मार्क ट्वेन

□

4

अपनी बिटिया को वात्सल्य प्रदान करें

इस दुनिया में किसे सँभालना कठिन है?—बेटी को।

इस दुनिया में किसे सँभालना ज्यादा कठिन है?—बेटे को।

इस दुनिया में किसे सँभालना बहुत ज्यादा कठिन है?—पत्नी को।

इस दुनिया में किसे सँभालना सबसे ज्यादा कठिन है?—स्वयं को।

माँ-बाप को बेटी को सँभालने या नियंत्रित करने से पहले स्वयं को सँभालना या आत्मसंयम बरतना होगा। यह बहुत अधिक महत्त्वपूर्ण है। द्वितीय विश्व युद्ध की यह घटना इस बात का अद्‌भुत उदाहरण है कि बेटी को कैसे पाला जाए।

पर्ल हार्बर पर अमेरिकी नौसेना की पराजय के कुछ वर्ष बाद जापान का सामना करने के लिए अमेरिका ने प्रशांत महासागर में नया बेड़ा भेजा। एडमिरल इंचार्ज ऑफिसर्स मैस में आराम कर रहे थे। तभी रिपोर्टर्स ने आकर सवाल किया कि जब उनके सैनिक समुद्र में हैं तथा लड़ाई लड़ रहे हैं, तब ऐसे में वे आराम से कैसे बैठे हैं? एडमिरल ने शांति से जवाब दिया, “मैंने अपनी सर्वोत्तम योग्यताओं के साथ अपने सैनिकों को प्रशिक्षण दिया है तथा उन्हें तैयार किया है। मैं जितना कर सकता था, मैंने किया। अब, जब मेरे सैनिक समुद्र में लड़ रहे हैं तब मेरे करने लायक कुछ शेष नहीं है, न ही मुझे चिंता करने तथा तनाव

में रहने की जरूरत है।''

इस प्रकार, जब तक बच्चे हमारे साथ हैं, उन्हें बेहतरीन शिक्षा दी जानी चाहिए। ऐसा कोई काम न करें, जिससे उन्हें शर्मिंदा होना पड़े। हम जो पढ़ते, लिखते, सोचते या करते हैं, उसके बारे में उनसे बातचीत करें। अपने से बड़ों का सम्मान करें, ताकि वे भी बड़ों का सम्मान करें। हमें याद रखना चाहिए कि हम जो भी करते हैं, बच्चे उसे गौर से देखते हैं। जिस प्रकार हमारे मन में समाया रहता है कि भगवान् सबकुछ देख रहा है, हम अच्छी विचारधारा तथा मूल्यों का अनुसरण करते हैं। अतः हमें अपनी कथनी और करनी—दोनों की दृष्टि से सतर्क व सावधान रहना चाहिए। निश्चित रूप में हम गलतियाँ करते हैं—और कभी बहुत छोटी-छोटी गलतियाँ करते हैं तो कभी बहुत बड़ी। लेकिन हमें ऐसे मौकों पर कथनी और करनी से 'सॉरी' कहने के लिए तैयार रहना चाहिए।

अपनी बेटी की देखभाल के कुछ सूत्र

1. ससुरालवालों के लिए आदर-भाव

जब आपकी बेटी यह देखती है कि आप अपने सास-ससुर आदि की देखभाल करते हैं तो वह भी समय आने पर ऐसा ही करेगी।

ऐसा करना कठिन हो सकता है। लेकिन मेरा विश्वास करें, यह सर्वाधिक सुखकारी प्रवृत्ति है। अपनी ओर से पूरी कोशिश करें तथा पूरी निष्ठा से ऐसा करें। औसतन भाग्यशाली होने पर भी आपको दिन में कई बार शाबाशी मिलेगी।

2. मुसकराइए

महँगी बनारसी साड़ी से भी ज्यादा कीमती आपकी मुसकान है। मुसकान के बारे में याद रखें कि हम इसलिए नहीं मुसकराते, क्योंकि हम खुश हैं, बल्कि हम इसलिए खुश हैं क्योंकि हम मुसकराते हैं। व्यक्ति की मुसकान का एक कारण यह भी हो सकता है कि वह सकारात्मक विचारों, निराशाजनक दृश्यों अथवा बातों को स्मृति-पटल से हटाने की आदत लाना चाहता है। बचपन से ही उत्पन्न खुशमिजाज प्रवृत्ति आपकी बेटी के सुखद भविष्य का आधार है।

3. आत्मसम्मान

दूसरों की बजाय आप अपने बारे में सोचिए, उसका अधिक महत्त्व

है। खुद के साथ रहने से आत्मसम्मान विकसित होता है। स्थिति चाहे कैसी भी हो, ईमानदारी ही सर्वोत्तम प्रवृत्ति है।

अपनी बेटी को आराम से यह तथ्य समझाएँ कि पत्नी, माँ एवं बहू के रूप में उत्कृष्ट भूमिका निभाकर वह आनंद प्राप्त कर सकती है। मैंने अकसर देखा है कि कैरियर की दृष्टि से शिखर पर पहुँची महिलाओं की तुलना में ऐसी महिलाओं के चेहरों पर मुसकान एवं चमक रहती है।

4. अच्छी मिसाल कायम करें

आपकी बेटी आपकी ही नकल करती है और उसका मस्तिष्क आपसे मिलनेवाले संकेतों को ग्रहण करता है। वह आपको देखती है, आपको महसूस करती है, आपको पहचानती है और आपको करीब से देखकर विचार-मंथन करती है।

कोई महिला समृद्ध या शक्ति-संपन्न व्यक्ति के प्रति भद्र हो सकती है, लेकिन किसी विनम्र व्यक्ति के प्रति भद्र होना ही जीवन है। अच्छी माँ अपनी बेटी को शिष्टता सिखाती है।

आपकी बेटी हमेशा आपको देखती रहती है। वह कानों से सुनती रहती है और आँखें खुली रखती है। उसे मूर्ख बनाने की कोशिश न करें। निश्चित रूप से वह आपके साथ इतनी जुड़ी है कि आप कल्पना भी नहीं कर सकते। ईमानदारी, वफादारी, निष्ठा, शिष्टाचार तथा मधुर वाणी—ये गुण वह आपसे सीखती है। उसकी खातिर अच्छी मिसाल कायम करें।

5. क्रोध पर नियंत्रण रखें

क्रोध एक ऐसी भोग-विलास की महँगी वस्तु है, जिसे समृद्ध एवं धनी महिला ही झेल सकती है। यह व्यक्ति के विकास में मौजूद कमी का परिचायक है। अपनी बेटी को इस बारे में बताएँ और जहाँ कहीं ऐसा हो सकता है, आप अपनी बेटी को इससे दूर रहने का उदाहरण दें। तब तक उसे समझाते रहें जब तक यह बात उसके दिमाग में घर नहीं कर जाती। जब नौकर आपकी चाय में एक चम्मच चीनी ज्यादा डाल देता है, तब गुस्सा न करें। क्या इतनी छोटी सी बात पर गुस्सा करना उचित है? अनेक महिलाएँ ऐसा करती हैं। बढ़ती उम्र की बच्ची जब अपनी माँ को नौकर पर चिल्लाते हुए या आवेश में चीजें फर्श पर पटकते देखती है तो इससे उसके मानस पर विपरीत असर पड़ता है और

वह बड़ी होकर वैसा ही व्यवहार कर सकती है।

6. ईर्ष्या का विनाश करें

गुस्से के समान ईर्ष्या भी वास्तव में मानव स्वभाव का एक हिस्सा है। सौभाग्यवश विचार-विमर्श एवं अच्छी पुस्तकें पढ़कर इस दुर्गुण को कम किया जा सकता है। दिमाग से टेलीविजन देखें, ताकि इससे कुछ सीखें। उन कहानियों को चुनें, जिनमें ईर्ष्या ने मुख्य भूमिका निभाई। अपने अनुभव से बेटी को उदाहरण दें या अपने परिवार तथा मित्रों के अनुभव के उदाहरण दें।

यदि आपकी बेटी देखती है कि आप संतुष्ट और खुश हैं तो वह भी संतुष्ट और सुखी होगी।

7. तंग करना या होना बंद कर दें

आप अपने पति को, खास तौर पर अपनी बेटी के सामने, तंग न करें। और यदि आपको लगता है कि ऐसा करना जरूरी है तो अकेले में अपनी बेटी के सामने अपनी गलती स्वीकार करें तथा इस पर काबू पाने की कोशिश करें। आप अपनी बेटी की नजरों में अनुकरणीय बन जाएँगी। अपनी गलती मानने में समझदारी है तथा आपकी बेटी में भी यह गुण अपने आप आ जाएगा। कोशिश तो करें!

तंग करने की बुरी आदतें भ्रामक विचारों, गलत प्राथमिकताओं तथा मानसिक अस्त-व्यस्तता का परिणाम हैं। छोटी-छोटी बातों को बहुत बड़ी समझने की आदत से ऐसा होता है। तब 'चूहे' जैसी समस्या भी दैत्याकार में नजर आती है! और बात का बतंगड़ बन जाता है। चीजों को ध्यान से देखें। अतीत को देखें तथा इस पर विचार करें कि 'क्या होगा यदि···' भय का क्या हुआ!

> जिस बच्चे के माँ-बाप उसका
> खयाल रखते हैं, जिसके पास ढेरों
> पुस्तकें हैं, वह गरीब नहीं है।
>
> **—सैम लीवेनसन**

□

5

अपने बेटे को वात्सल्य प्रदान करें

'रामायण' और 'महाभारत' काल से ही बेटों को नियंत्रण में रखना असंभव रहा है। इस दिशा में असंभव को यथासंभव 'खूबसूरत' बनाना चुनौती भरा कार्य रहा है।

पुत्र का होना ही आनंद का बहुत बड़ा कारण होता है; लेकिन जब किसी कारणवश बेटे का होना बेकार चला जाता है, तब जीवन व्यथाओं एवं अवसाद से घिर जाता है। बेटे को सँभालने के कोई निर्धारित नियम नहीं हैं। इस पर कोई 2+2= 4 का फॉर्मूला लागू नहीं होता। बेटे को पालना एक कला है—ऐसी कला, जिसमें आशा की जाती है कि व्यक्ति अभ्यास एवं धैर्य से निष्णात हो सकता है।

कोई व्यक्ति यह कह सकता है कि बेटा जो कुछ भी करता या बनता है, उसका श्रेय उसके पिता को जाता है। निश्चित रूप से पिता अपने बेटे को अनुकूल बनाने या उसे सही दिशा की ओर ले जाने में प्रमुख भूमिका निभाता है। लेकिन इस क्षेत्र में माँ की भी भूमिका कम नहीं होती है। इसके लिए अत्यधिक आत्मसंयम, धैर्य तथा बुद्धिमत्ता की जरूरत होती है, जो देखने में क्रूर या कठोर लगते हैं, लेकिन वास्तव में ये गुण आवश्यक हैं। चूँकि अनेक माताएँ अपने बच्चों को बहुत ज्यादा लाड़-दुलार देती हैं, इसलिए पिता का सख्त होना जरूरी है। लेकिन इसके साथ-ही-साथ पिता को नम्र व्यवहार भी रखना चाहिए।

आपका बेटा आपकी वास्तविक संपत्ति है। यदि आप उसे बचाकर नहीं

रखेंगे, उसका विकास नहीं होने देंगे तो वह आप पर बोझ बन सकता है।

आपका बेटा संपत्ति बनता है या बोझ, यह 70 प्रतिशत आप पर—अर्थात् माँ-बाप पर निर्भर करता है और 30 प्रतिशत भाग्य पर। माता-पिता और पुत्र के संबंधों के बारे में मेरी यही राय है और मैं इस निष्कर्ष पर पहुँचा हूँ कि माँ-बाप को प्रतिदिन या प्रत्येक बार अपने बेटे को जानने की कोशिश करनी चाहिए।

क्या आपने कभी अपने आपसे यह शिकायत की है कि आपका बेटा आपको नहीं समझ पा रहा है? अगली बार, आप इस तरीके से सोचेंगे तथा कल्पना करेंगे कि आपका बेटा भी आपके बारे में ऐसा ही कह रहा है। आप दोनों के बीच संप्रेषण-अंतराल है—अर्थात् आप दोनों एक-दूसरे को समझने या समझाने की कोशिश नहीं करते। यह अंतराल आपको ही पाटना है। यह अंतराल मूलत: इस तथ्य से उत्पन्न होता है कि चुनौती को भाँपना जीवन का लक्ष्य होता है। जहाँ तक आपके बेटे का सवाल है, उसकी आँखों में किसी संतुष्ट युवक की भाँति चमक होनी चाहिए। आपको अपने तथा अपने बेटे के लिए चौदह उपाय करने होंगे—

1. उसके दोस्त बनें।
2. उसे विभिन्न स्थितियों की जानकारी दें।
3. उसे जाने दें।
4. उसे 'हीरो' बनाएँ।
5. पढ़ने के लिए प्रोत्साहित करें।
6. सुनिश्चित करें कि उसके अच्छे मित्र हैं।
7. उसकी गलतियों को माफ करें।
8. उसे समय दें।
9. दूसरों के सामने उसकी आलोचना न करें।
10. उसे जिम्मेदार बनना सिखाएँ।
11. उसे हार से सबक लेना तथा जीत का आनंद उठाना सिखाएँ।
12. उसे बिगाड़ें नहीं।
13. उसकी तुलना न करें।
14. उसके अनुसार चलें।

याद रखें, अपने पूत को 'सपूत' बनाने में माता-पिता की महत्त्वपूर्ण भूमिका होती है।

□

6

ससुराल में शांति से रहें

सफल वैवाहिक जीवन का मूलाधार ससुराल अर्थात् सास-सुसर, देवर-देवरानी, जेठ-जेठानी आदि रिश्तों में निहित है। यहाँ मैं यह नहीं कह रहा हूँ कि आपको अपने ससुरालवालों से हर हालत में प्यार करना चाहिए। मैं सिर्फ यह कहना चाहता हूँ कि आपको खुशी-खुशी सबके साथ मिल-जुलकर रहने का तरीका सीखना चाहिए। यदि आप अपने पति / पत्नी या पुत्री-पुत्र को खुश रखना चाहते हैं तो ससुराल में परिवार के साथ मधुर संबंध रखना भी जरूरी है। यह न भूलें कि छोटी-छोटी बातों से ही बड़ी-बड़ी बातें बनती हैं। यदि आप दामाद होने के नाते अपने ससुर के प्रति अधिक अच्छा व्यवहार करते हैं तो आप अपनी पत्नी की नजरों में महान् बन जाएँगे। यदि आप बहू होने के नाते अपनी सास के साथ मधुर संबंध रखती हैं तो आपके पति आपकी और ज्यादा इज्जत करेंगे।

इसी तरह, याद रखें कि आपसे यह कोई उम्मीद नहीं करता कि आप अपने ससुरालवालों को बदल दें, लेकिन आप धैर्य तथा चतुराई से इस प्रकार से तालमेल बिठा सकती हैं कि आप अधिक खुशहाल और सरल जीवन बिता सकें।

यदि सास बहुओं पर यह आरोप लगाना बंद कर दें कि वे उनके बेटों को छीन लेती हैं तो जीवन सरल हो जाएगा। सच्चाई यह है कि कोई भी इनसान बेटे को माँ से अलग नहीं कर सकता। पत्नी का अलग दायरा होता है और वह माँ की ममता का स्थान नहीं ले सकती।

सुबह-सुबह सबसे पहले अपने ससुर के अनुसार एक कप ऐसी चाय बनाना छोटी सी बात है, जिसमें चीनी बिलकुल न हो और दूध ज्यादा हो, लेकिन इस छोटे से काम से आपस में परिवार में खुशियाँ बाँटी जा सकती हैं।

किटी पार्टी को सास की चुगलियों का केंद्र न बनाएँ। हर घर एवं परिवार की अपनी समस्याएँ होती हैं, इसलिए बाहर अपने परिवार की समस्याओं पर चर्चा करने का कोई तुक नहीं है। ऐसा करके हम सबके बीच तमाशा खड़ा कर देते हैं।

अपनी माँ को अपनी ससुराल की कहानियाँ न सुनाएँ।

यदि आप किसी कारणवश अपने ससुर—अर्थात् पत्नी के पिता को पसंद नहीं करते तो आपको धैर्यपूर्वक अपने विचार अपने तक सीमित रखने की कला सीखनी चाहिए। अपनी पत्नी और बच्चों की खातिर ससुर का आदर करें।

बच्चे कच्चे घड़े के समान होते हैं अथवा कुएँ के समान होते हैं। आप जो कुछ कहते हैं, वे ध्यान से सुनते हैं और बाद में आपके ही सुर में बोलते हैं, जैसे कुएँ से हमें अपनी ही प्रतिध्वनि सुनाई देती है। प्रायः वे यह सब कुछ नहीं समझते। परिवार में शांति बनाए रखने के लिए बच्चों के सामने सोच-समझकर बोलें।

हर व्यक्ति श्रवणकुमार की भूमिका निभाना चाहता है। श्रवणकुमार आदर्श पुत्र के रूप में विख्यात हैं, जो अपने अंधे माता-पिता की पूरी श्रद्धा से सेवा करते थे। यदि आपके पति भी ऐसा करना चाहते हैं तो उनको अपनी संतुष्टि के लिए ऐसा करने दें।

जितनी चादर हो उतने पाँव पसारो। यदि आपके पति महँगे उपहार तथा सामान नहीं खरीद सकते तो आप अपने पिता को यह सब देने के लिए न कहें।

घड़े का पानी ऊपर तक लाने के लिए कौए ने कंकड़ डाले थे। अपने चारों ओर देखें, सोचें तथा अपनी कल्पना-शक्ति से समस्याएँ सुलझाएँ।

□

7

अपने पोते-पोतियों के साथ आनंदपूर्वक रहें

ईश्वर-कृपा से आपके पास पोते-पोतियाँ, नाती-नातिन हैं। जिनके पास ये सब नहीं हैं उनकी अपेक्षा आप अधिक भाग्यवान् हैं, क्योंकि वे इसी प्रकार की शिकायतें अकसर करते रहते हैं।

उनके साथ मिलकर खेलना सीखें। उन्हें बदलने की या उनपर अपनी उम्मीदें, आकांक्षाएँ लादने की कोशिश न करें। इसकी बजाय उन्हें जानने की कोशिश करें तथा उनके अनुसार अपने को ढालें। मैंने अपनी नातिन अनन्या को प्रसन्न करने के लिए सैकड़ों बार उसके साथ 'कोई मिल गया' फिल्म देखी है। और हर बार जब मैं टेलीविजन पर यह फिल्म देखते हुए उसकी आँखों में चमक तथा होंठों पर मुसकान देखता हूँ, तब मुझे नैसर्गिक आनंद की अनुभूति होती है। ऐसा लगता है कि भगवान् ने मेरे मन की प्रार्थना सुन ली है। मेरे मन की आवाज ईश्वर तक पहुँच गई है।

अपने तीन बच्चों को पालते समय मैंने जो कष्ट झेले, मुझे तीनों पोते-पोतियों के रूप में उसका सुफल मिल गया है। आज मेरा जीवन इस धरा पर स्वर्ग बन गया है। लेकिन वे अपने-अपने घरों में रहते हैं। यदि वे मेरे साथ रहते तो शायद कुछ ज्यादा ही हो जाता—अर्थात् मैं परेशान भी हो जाता।

मेरा ग्यारह वर्षीय पोता गौरव कंप्यूटर पर बैठा रहता है। हमारे बीच कुछ

भी समान नहीं है। तथापि वह कंप्यूटर गेम्स से इतना रोमांचित हो उठता है कि उसने एक बार बताया कि वह अंतरिक्ष यान या स्पेस रॉकेट का डिजाइन बना सकता है। मैंने उत्साहित होकर कहा कि वह अपनी ड्रॉइंग भारत के राष्ट्रपति डॉ. ए.पी.जे. अब्दुल कलाम को भेजे। तब उसने नाराज होते हुए कहा, "दादाजी, आप तो बहुत भोले हो। यदि मैं यह डिजाइन भेज देता तो वे मेरे डिजाइन की नकल कर लेते, यह मेरे लिए अच्छा नहीं होता।" मैं उस समय खुश हो जाता हूँ, जब वह ऐसे-ऐसे हैरतअंगेज विचार बताता है और अंत में मैं उससे कुछ नहीं बोल पाता। मैं हतप्रभ हो जाता हूँ। लेकिन उस समय मैं भाव-विभोर हो जाता हूँ जब वह घर आता है और बड़े उत्साह से कहता है, "दादाजी, पैरी पौना।" (दादाजी, प्रणाम।) वह मेरे पाँव छूता है। थोड़ी देर बाद वह मेरे सामने फरमाइश रखता है। मैं खुलकर मुसकराना कभी नहीं भूलता। और उसके सामने हैरान हो जाता हूँ। तब वह तपाक से बोलता है, "दादाजी, क्या हम इतने अमीर हैं?" बाद में आगे बोलता है, "दादाजी, आप इस दुनिया के सबसे महान् दादाजी हैं।" मेरे लिए वह क्षण स्वर्ग के समान होता है और मैंने आनंद उठाने का यह रहस्य जान लिया है कि बच्चों को बदलने की कोशिश न करें; वे जैसे भी हैं, उनके साथ प्रसन्नतापूर्वक रहें।

मेरी पोती गायत्री तेरह वर्ष की है तथा मैं पहले से ही उसमें छिपी विद्वत्ता को पहचान चुका हूँ। वह विज्ञान के क्षेत्र में महान् लेखिका बनेगी। वह शांत तथा पढ़नेवाली बच्ची है। एक बार वह एकता कपूर का सीरियल देख रही थी। मैं अंदर आया और मैंने उसे एक गिलास पानी लाने के लिए कहा। मेरी ओर देखे बिना वह बोली, "दादाजी, प्लीज, यह सीरियल खत्म हो जाने दें।" मैं कुछ न कहकर चुपचाप रसोईघर में चला गया और एक गिलास पानी लेकर गायत्री के पास बैठकर टी.वी. देखने लगा।

जब सीरियल खत्म हो गया तब मैंने विनम्र भाव से कहा, "गायत्री, मैं इस घर का मुखिया हूँ, क्या तुम नहीं सोचतीं कि मेरे लिए तुम्हें एक गिलास पानी लाना चाहिए था?" उसने आराम से जवाब दिया, "दादाजी, इतनी जल्दी क्या थी? क्या आप कुछ मिनट इंतजार नहीं कर सकते थे? सीरियल तो खत्म होने ही वाला था।"

मैंने विजय और मोनिका को बुलाकर यह शिकायत नहीं की कि 'देखो, यदि मेरे दादाजी मुझसे पानी माँगते तो मैं उसी समय भागकर पानी लाता।' मैंने

ऐसा नहीं किया, क्योंकि यह साठ वर्ष पुरानी बात होती, जब घर में रेडियो तक नहीं था!

मित्रो, यदि आप दादा-दादी या नाना-नानी हैं तो मैं आपको पोते-पोतियों के साथ मौज-मस्ती करने का रहस्य बताता हूँ।

मैं थोड़ा हटकर बात करना चाहता हूँ। किसी ने एडमंड हिलेरी से पूछा, ''आप माउंट एवरेस्ट पर क्यों चढ़ना चाहते हैं?'' उन्होंने जवाब दिया, ''क्योंकि यह है!''

हिलेरी की इस विचारधारा तथा जोश ने मुझे प्रेरित किया। मैं अपने पोते-पोतियों के साथ खुशी-खुशी रहता हूँ; क्योंकि वे हैं। यहाँ किंतु-परंतु को कोई जगह नहीं, कोई शिकवा नहीं, कोई शिकायत नहीं। मैं मानता हूँ कि मेरे पोते-पोती सबसे अच्छे बच्चे हैं। चाहे वे पढ़ाई में होशियार हैं या नहीं, चाहे उन्हें शिष्टाचार का ज्ञान है या नहीं, मेरा कहना मानते हैं या नहीं, इससे मुझ पर कोई फ़र्क नहीं पड़ता।

> माँ-बाप अपने बच्चों को सही दिशा नहीं दिखा पाते,
> क्योंकि वे स्वयं सही राह पर नहीं चल रहे होते।
> **—फ्रैंक के. हब्बर्ड**

□

कोलाहल या मधुर संगीत

एक पिता अपने पुत्र के साथ संगीत समारोह में कार्यक्रम शुरू होने से काफी पहले ही पहुँच गए। उन्होंने देखा कि बहुत बड़े मैदान में अलग-अलग कोनों में अनेक कलाकार अपने-अपने वाद्य यंत्रों पर अभ्यास कर रहे हैं। बेटे को यह शोर अच्छा नहीं लग रहा था। उसे झुँझलाहट होने लगी और वह अपने पिताजी से जिद करने लगा कि उस समारोह की बजाय आइसक्रीम खाने चलते हैं। पिता ने बेटे को सलाह दी कि वह थोड़ी देर और सब्र रखे और शांतिपूर्वक सारा दृश्य देखे।

एक घंटे बाद कार्यक्रम शुरू हो गया। कार्यक्रम के अंत में पिता और पुत्र दोनों ही भाव-विभोर थे। दोनों आनंद की लहरों में गोते लगा रहे थे। उसके बाद दोनों ही आइसक्रीम पार्लर चले गए। वहाँ बेटे ने व्यक्तियों द्वारा किए गए प्रदर्शन तथा टीम के प्रदर्शन—अर्थात् शोर से मधुर संगीत तक—की अवधारणा को महसूस किया।

बेटे के इस अनुभव के गर्भ से इन्फोसिस का जन्म हुआ। इस अनुभव के कारण वह बच्चा आगे चलकर एन.आर. नारायण मूर्ति बना? हो सकता है, इसके साथ अन्य एहसास भी हो, जिसके पीछे विनम्र गुरु, अर्थात् उस बच्चे के पिता के द्वारा दिए गए संस्कारों, पालन-पोषण की भी महत्त्वपूर्ण भूमिका रही। 'इंडिया टुडे' की वर्ष 2005 के प्रभावशाली व्यक्तियों की सूची में श्री नारायण मूर्ति का चौथा स्थान है।

भाग-4

तनाव पर कैसे काबू पाएँ

1

अहं भाव से 'मैं' तक

'चिंता', 'भय' तथा 'तनाव' जैसे शब्द मेरे लिए कोई मायने नहीं रखते। ऐसा कैसे हुआ?

मैं नौवीं कक्षा में फेल हो गया था और मेरे पिताजी ने मेरा अपमान करने की बजाय मेरे छोटे भाई विनोद से मेरी तुलना की। उनके होंठों पर मुसकान थी। उन्होंने बड़े प्यार से बेफिक्र अंदाज में कहा, "बेटा, की फर्क पैंदा है?" (बेटे, क्या फर्क पड़ता है?) उन्होंने समझाया कि कुछ लोग स्कूल में कमजोर होते हैं, लेकिन कॉलेज में बहुत अच्छा प्रदर्शन करते हैं और उसके विपरीत भी होता है! उन्होंने आगे यह कहा कि कुछ बच्चे स्कूल और कॉलेज में पिछड़ जाते हैं, लेकिन आगे जीवन में वे अच्छा नाम कमाते हैं। उनके वे विचार, वे शब्द मेरे जीवन का प्रकाश-स्तंभ बन गए तथा मेरे जीवन की राह का ध्रुवतारा बन गए। इक्कीस वर्ष की आयु में सन् 1957 में एम.बी.ए. करने के लिए मुझे मिन्नीसोटा विश्वविद्यालय भेजा गया। मुझे 400 अमेरिकी डॉलर का अमेरिकन एक्सप्रेस ट्रैवलर (यात्री) चेक दिया गया। चलते समय मुझे मेरे पिताजी ने कहा, "देखो बेटे, इसके अलावा अगर कभी तुम्हें पैसे की जरूरत पड़े तो अटलांटिक (महासागर) में कूद जाना!" सौभाग्यवश तब तक मुझे नहीं पता था कि अटलांटिक कहाँ पर है। मैंने बरतन साफ करने का काम करना शुरू कर दिया। उसके बाद टेलेक्स में पार्टटाइम एकाउंटेंट का काम किया, फिर एकाउंटेंट के सहायक के रूप में काम किया। मेरे

कार्य करने के घंटे निश्चित नहीं थे। मैं नहीं जानता था कि भले ही मेरी नौकरी पार्टटाइम थी, लेकिन मेरे बॉस के लिए कितनी महत्त्वपूर्ण थी। वह मुझ पर निर्भर रहने लगे थे। एक दिन दोपहर बाद मेरे बॉस ने मुझे बुलाया और बताया कि मुझे कल से उनके यहाँ कार्य करने की जरूरत नहीं है। अचानक जैसे मुझ पर पहाड़ टूट पड़ा हो। मैं अटलांटिक की कल्पना करने लगा। सौभाग्यवश उस समय तक मेरे चचेरे भाई करमवीर का दोस्त वहाँ आ गया था। वह मेरा ध्यान रखने लगा। उसने सलाह दी कि मैं डेल कार्नेजी की पुस्तक 'हाउ टू स्टॉप वरिंग ऐंड स्टार्ट लिविंग' पढ़ना शुरू कर दूँ। मैंने अहं से आगे स्वयं को पहचान लिया! उसके बाद कभी भी मैंने अपने पर तरस खाना, चिंता करना, चिढ़ना तथा ऐसे अन्य शब्दों को अपने शब्द-भंडार से ही निकाल दिया, जिनसे मैं हताशा और निराशा में डूब जाता था।

मैं अपने बारे में इतना उत्साहित था कि मैंने हवाई जहाज से उस पुस्तक की प्रति अपने पिताजी को भेज दी, क्योंकि मैं जानता था कि वे हमेशा चिंतित रहते थे। हालाँकि मुझे अत्यधिक खर्च उठाने के लिए कोई अन्य पार्टटाइम नौकरी नहीं मिली थी, फिर भी मैंने 2.50 डॉलर उस पुस्तक के कूरियर पर खर्च कर दिए थे। जल्दी ही मुझे अपने पिताजी का पत्र मिला, जिसमें उन्होंने मुझे डाँट-फटकारकर यह पूछा था कि मैंने बरतन साफ करके मिलनेवाली खून-पसीने की कमाई को उस महँगी पुस्तक पर क्यों खर्च किया, क्योंकि वह पुस्तक हमारे बँगले के पीछे फिरोजपुर रेलवे स्टेशन पर मात्र 50 पैसे में मिलती है। लेकिन कुछ दिनों के भीतर ही मुझे उनका पत्र मिला, जिसमें उन्होंने उस पुस्तक के लिए मेरा धन्यवाद किया था कि उन्होंने काफी हद तक अपनी चिंताओं पर काबू पा लिया है। उस पत्र में मेरी माँ ने इस बात की पुष्टि की थी। इस दिन से मैं जीवन जीने के योग्य हो गया, क्योंकि मुझमें हमेशा यह 'अपराध-बोध' रहता था कि नौवीं कक्षा में फेल हो जाने पर मैंने अपने माता-पिता को निराश किया है, उन्हें दुःख पहुँचाया है।

मुझे अपने जीवन में औसत से ज्यादा असफलताएँ मिली हैं, लेकिन मैंने प्रत्येक बार स्वयं के बारे में चिंतन करके कुछ-न-कुछ जरूर सीखा है। मैं कटु अनुभव या हालात मिलने पर लोगों के समान 'गीता' जैसी पुस्तक पढ़ता हूँ (अर्थात् ध्यान) तथा आमतौर पर मुझे कोई-न-कोई फॉर्मूला या गुरुमंत्र मिल ही जाता है। यह बहुत आसान फॉर्मूला है, लेकिन मेरे लिए बहुत कारगर है। मेरे

मस्तिष्क में 'मैं, मुझे, स्वयं'—ये तीनों अलग-अलग तीन व्यक्तियों के रूप में उभरते हैं, जो परस्पर वाद-विवाद करते हैं तथा अगले कुछ घंटों, दिनों, हफ्तों तथा महीनों में समाधान निकलने शुरू हो जाते हैं। यह घर तथा कार्यस्थल पर समस्या या स्थिति की विकटता पर निर्भर करता है।

इससे मुझे स्वयं के साथ संवाद करने में सहायता मिलती है। मेरे मन में आत्मविकास की पुस्तकों का विशाल पुस्तकालय है! मैं 'महीन-से-महीन सर्वोत्तम कंघी या झाड़न' से उन्हें साफ कर देता हूँ। अपने नए श्रेष्ठ विचारों को मन-मस्तिष्क में सहेजकर रख देता हूँ। मेरा मानना है कि हमारे मन में 1,008 मानसिक हुक बने हैं, जिन पर मैं पिछले साठ वर्षों से पुस्तकों, पत्रिकाओं, टी.वी., सिनेमा तथा उन लोगों से बातचीत करके मिलनेवाले विचारों को टाँग देता हूँ, जिनसे मैं आमतौर पर बहुत अधिक प्रभावित रहा हूँ। क्योंकि कभी-कभी ढेर सारे शब्दों के कूड़े-करकट से भी एक औंस सोना मिल जाता है।

हमें अपने बारे में चिंतन-मनन करना चाहिए। आम तौर पर एक समय में एक समस्या ली जाए तथा उसके बाद विकल्पों और अधिक विकल्पों पर विचार किया जाए। फिर थोड़ी देर तक उसपर सोचना बंद कर दें। दोबारा 'चिंतन और मनन' करें। आपके मन में और अधिक विकल्प आने लगेंगे। आप ऐसा तब तक करते रहें जब तक धूल-मिट्टी के नीचे से सोना दिखाई न देने लगे।

मैं ऐसा करता हूँ। इसलिए आज मेरे सामने ऐसी कोई समस्या नहीं है, जिसका समाधान न निकला हो और इस अद्भुत धरती (मृत्युलोक) में अगले दस वर्षों तक ऐसी कोई समस्या उत्पन्न नहीं होगी।

मैंने साधारणत: निम्नलिखित फॉर्मूले अपनाए हैं—

1. लोगों, स्थान तथा परिस्थितियों से तालमेल बिठाएँ।
2. सबसे ज्यादा आपके अपने प्रियजन चुनौती खड़ी करते हैं, इसलिए मुसकराते हुए चुनौतियों का सामना करें—अर्थात् उनकी आकांक्षाओं के अनुरूप स्वयं को बदलें। ऐसा करना बहुत आसान है।
3. स्वयं की सिर्फ अपने से तुलना करें। क्या मैं कल से बेहतर ढंग से कार्य कर रहा हूँ, परसों से बेहतर कार्य कर रहा हूँ? यदि ऐसा है तो यही सब कुछ है।

□

2

अपने तनाव एवं क्रोध पर काबू पाएँ

> सरल शब्दों में, तनाव आग के समान है। यह ऐसा अंगारा है, जिससे हमें कोई नुकसान नहीं पहुँच सकता है। हम उसकी चमक देखकर उसका लुत्फ उठा सकते हैं या फिर उसे हवा देकर और अधिक भड़का सकते हैं। ऐसी जानकारी न होने पर हममें से अनेक लोग आग को भड़काते हैं।

जरूरी नहीं कि तनाव बुराई हो

तनाव अजीबोगरीब भावना होती है। हमारे पैदा होने से पहले ही इसका जन्म हो जाता है तथा आखिरी साँस तक यह हमारे साथ रहता है।

तनाव बहुत ज्यादा जटिल भावना है तथा विशेषज्ञों ने इसे समझने में कई दशक लगाने के बाद तनावग्रस्त लोगों का इलाज करना शुरू किया था।

तनाव इस बात पर निर्भर नहीं करता कि कोई बूढ़ा है या जवान, लड़का है या लड़की, अमीर है या गरीब, शिक्षित है या अशिक्षित, नौकर है या मालिक; न ही तनाव यह देखता है कि आप कहाँ रहते हैं। आज की दुनिया में तनाव साँस लेने या चलने के समान हमारे जीवन का हिस्सा बन चुका है।

यह जरूरी नहीं है कि तनाव से हमें हमेशा हानि ही होगी। तनाव पर भी

अन्य समस्याओं के समान काबू पाया जा सकता है, जिससे तनाव की स्थिति हमारे अनुकूल हो, न कि प्रतिकूल। यदि हम तनाव के संकेतों के प्रति चौकन्ने रहें तथा उसके निहित कारणों पर अपनी दृष्टि पैनी रखें तो न तो अत्यधिक रूप से तनाव बढ़ेगा और न ही यह विकराल रूप धारण करेगा।

मेरा यह विश्वास है कि जीवन की जटिल समस्याओं के आसान समाधान होते हैं—और सरल समस्याओं के भी आसान समाधान होते हैं। मेरी एक जटिल समस्या है कि मैं छोटे से दो बेडरूमवाले फ्लैट में रहता हूँ। उसके आसपास हरा-भरा लॉन नहीं है। अब यह मकान मेरे लिए तनाव भरा हो सकता है। लेकिन इस कमी को पूरा करने का मेरे पास सरल तरीका यह है कि मेरे इस घर के पास हुमायूँ का मकबरा है। इसके चारों ओर खुले हरे-भरे खूबसूरत बाग-बगीचे हैं, जिनमें सैकड़ों मोर, तोते और हजारों कबूतर व कौओं का बसेरा है। इसके चारों ओर गुरुद्वारा, रेलवे लाइन तथा यमुना नदी है। यह मेरे सपनों का स्थल है। लेकिन बहुत कम लोग इन सुविधाओं का आनंद उठा पाते हैं और परिणामस्वरूप प्रदूषण, ठसाठस आवास व्यवस्था तथा भीड़-भाड़वाली गलियों का रोना रोते रहते हैं। ऐसे लोग बेवजह तनाव झेलते हैं।

तनाव से जुड़ी विशिष्ट समस्या व्यवसाय में सफलता पाने से जुड़ी है। ठीक है, लेकिन यह सफलता आपके लिए समस्या क्यों है? व्यक्ति अपने प्रयत्नों में सफल होता है या असफल। आपका जीवन तनावग्रस्त है या सीधा-सरल, यह आप पर निर्भर करता है। मेरे समान आपका जीवन भी विकल्पों से भरा पड़ा है। आप आज रात कोई व्यसन करना चाहते हैं तो ऐसा कर सकते हैं, लेकिन ऐसा करके आप अपने आनेवाले कल को बदतर बनाएँगे।

मैंने यह भी देखा है कि यदि लोग बहुत ज्यादा व्यस्त रहते हैं तो कम तनावग्रस्त रहते हैं। काम, बहुत ज्यादा काम और रुचिकर काम तनाव को समाप्त कर देता है। लाखों वर्षों तक मनुष्य अपना भोजन एकत्रित करता रहा। वह समूहों में शिकार करता था और मिलकर कार्य करता था। चूँकि वह हमेशा उपयोगी कार्यों में व्यस्त रहता था, इसलिए आज की तुलना में उस समय के लोगों को कहीं कम तनाव झेलना पड़ता था। 10 हजार वर्ष पहले उन्होंने खेती-बाड़ी शुरू की। उस समय भी वे लोग समूहों में काम करते थे, इसलिए तब भी तनाव कम था।

पिछले तीन सौ वर्षों से मनुष्य ने औद्योगिक युग में प्रवेश किया। आज हमें जीवन-यापन के लिए बहुत लंबे समय तक कार्य नहीं करना पड़ता है। हमारे पास

काफी समय है। हम टेलीविजन के सामने बैठकर खाली समय बिता सकते हैं अथवा जल्दी उठकर कुछ उपयोगी काम कर सकते हैं।

आप अपना जीवन अपने ढंग से बिता सकते हैं। आप खुशहाल जीवन बिताना चाहते हैं या तनावग्रस्त, यह फैसला आपको ही करना है। आप इस रवैये से सालोसाल बिता सकते हैं, ''मैं अपनी ओर से हर संभव कोशिश करूँगा / करूँगी कि मैं जी-तोड़ मेहनत करूँगा, आगे भी मुझे परवाह नहीं।'' अथवा आप भय, शंका तथा ईर्ष्या से भरा जीवन बिता सकते हैं। खुश रहना या तनावग्रस्त रहना—यह आप पर निर्भर करता है, किसी अन्य बात अथवा व्यक्ति पर नहीं।

1. वास्तव में सबसे बड़ी तनाव भरी समस्या 'विचार-शून्यता' है

समस्याओं से तनाव और असामान्य रक्तचाप पैदा होता है। दुर्भाग्यवश, हम तब तक समस्याओं का निवारण नहीं कर सकते जब तक अंतिम रूप में उससे निकलने का फैसला नहीं ले लेते। समस्या से निकलने का खयाल ही बहुत ज्यादा तनावपूर्ण होता है।

हमारे सामने समस्याएँ उत्पन्न ही क्यों होती हैं ? साधारण तौर पर कहा जाए तो हमारी एक-तिहाई समस्याएँ इसलिए उत्पन्न होती हैं, क्योंकि हम जिंदा हैं तथा कतिपय कार्यकलापों में व्यस्त हैं। अन्य समस्याएँ हम स्वयं पैदा करते हैं। शेष समस्याओं के पीछे हमारा लालच और अहंकार है।

याद रखें कि हमें 'बड़े' को 'सबसे बड़ा' शत्रु नहीं बनाना है। बेतुकी समस्याएँ सुलझाने के लिए पहला नहीं तो दूसरा या तीसरा सर्वश्रेष्ठ समाधान हो सकता है। कुछ भी न होने से बेहतर है कि कुछ तो हो!

जब अनेक समस्याओं से अत्यधिक तनाव उत्पन्न हो तो ये उपाय करें—

1. **सोचें :** इन समस्याओं को सुलझाने का बेहतर तरीका भी हो सकता है। प्यासे कौए और पानी के घड़े की कहानी से प्रेरणा लें।
2. **पूछें, पूछें और पूछें :** स्वयं से तथा अन्य लोगों से पूछें कि हम किसी कार्य को बेहतर तरीके से कैसे कर सकते हैं। यहाँ तक कि मूर्खता भरे सवाल का भी बुद्धिमत्तापूर्ण उत्तर हो सकता है।
3. **अभी करें :** यह न भूलें कि किसी समस्या को सुलझाने का पहला उपाय उस पर कार्य करना है। निश्चित रूप से पहले अपनी समस्याओं की

प्राथमिकता तय करें। 'ग' श्रेणी के कार्य अन्य से करवाएँ। लेकिन जब तक कार्य पूरा नहीं हो जाता तब तक इन कार्यों की जाँच और पुनः जाँच करना न भूलें।

हर अँधेरी रात के बाद सवेरा होता है। हर समस्या के अनेक विकल्प हो सकते हैं, जो हमारी संभावनाओं या सुनहरे मौकों की ओर संकेत करते हैं। कोलंबस जब वास्तव में भारत से व्यापार करने का बेहतर मार्ग ढूँढ़ने का प्रयास कर रहा था, उस समय 'नई दुनिया' (अमेरिका) की खोज हुई।

2. केवल सद्विचारों को पनपने दें

यदि आप अपने विचारों, शब्दों तथा क्रियाओं और आदतों पर संयम रखते हैं तो आप अपने तनाव पर काबू पा लेंगे। वस्तुतः तनाव अनियंत्रित, उच्छृंखल भावनाओं का परिणाम है। यह असंयत प्रतिक्रियाओं का परिणाम है। यह समय और पैसे की माँग तथा आपूर्ति का सवाल है। एक बार इससे अवगत हो जाने पर आप यह सुनिश्चित करने में समर्थ हो जाएँगे कि आपके लिए क्या सही है?

विचारों पर नियंत्रण रखने पर तनाव के स्तर में काफी कमी आती है। इसकी मैंने सरल तरकीब खोज निकाली है—*GIGO* बनाम *BIBO*। कंप्यूटर की भाषा में *GIGO* का अर्थ है—कूड़ा डालोगे तो सामने कूड़ा आएगा। लेकिन मेरी सोच में उसका अर्थ है—'श्रेष्ठ विचार सद्विचारों को जन्म देते हैं।' वस्तुतः कुछ हद तक कंप्यूटर और मानव मस्तिष्क या मन एक समान है। दोनों में परिणाम इनपुट या फीड पर निर्भर करते हैं। जैसा बोओगे वैसा काटोगे।

इसी कारण मैं वीडियो, टेलीविजन, मित्रों तथा सहयोगियों के बुरे विचार अपने मस्तिष्क में घुसने नहीं देता। मैं चुनिंदा साहित्य पढ़ता हूँ तथा चुनिंदा लोगों के साथ समय बिताता हूँ। यदि मैं चाहता हूँ कि मेरा आनेवाला कल तनावमुक्त हो तो इसके लिए आज मेरे पास तनावमुक्त विचार होने जरूरी हैं।

रात में सोने से पहले मैं अपने मस्तिष्क से सभी बुरे विचारों को निकाल देता हूँ, जो दिन भर मेरे मन-मस्तिष्क में घुमड़ते रहे। प्रतिदिन हम छोटी-छोटी चिंताएँ, ईर्ष्या, असंतोष तथा क्रोध भरी स्थितियों को बीनते रहते हैं, जिन्हें मन-मस्तिष्क से निकालना बहुत जरूरी है। यदि हम उनकी उपेक्षा नहीं करते, उन्हें नकारते नहीं तो वे हमारे मन में जहर घोलते रहते हैं। और उनसे आगे चलकर

नुकसान पहुँचता है। हमारा दिमाग या मन कूड़ेदान बन जाता है या तनाव और दबाव की जन्मभूमि बन जाता है। यदि हम अपने मस्तिष्क एवं मन से इन बुरे विचारों को बुहार दें, तभी नए उत्तम विचारों को जगह मिल पाएगी।

3. प्रतिदिन दूसरों द्वारा की जानेवाली आलोचना सुनने के लिए तैयार रहें

मैंने सन् 1958 से 1962 तक मिनीपोलिस, मिनीसोटा, यू.एस.ए. में पढ़ाई की थी। वहाँ मैंने सबसे बड़ी बात यह सीखी कि आपको किसी भी दिन किसी भी काम से हटाया जा सकता है।

यह वर्ष 1960 की घटना है। मैं पार्टटाइम एकाउंटेंट के रूप में टेलेक्स इनकॉरपोरेशन में नौकरी कर रहा था। एक दिन दोपहर के बाद टेलीफोन की घंटी बजी। मेरे बॉस का फोन था। उन्होंने कहा, "कल से मेरे ऑफिस मत आना। तुम्हें चेक भेज दिया जाएगा।" मैं जमीन में धँसा जा रहा था। मेरे लिए यह बहुत बड़ी बात थी, लेकिन मैंने ऑफिस में अपने बॉस से अनुरोध किया कि कम-से-कम मुझे यह सलाह दें कि मैं नई नौकरी की तलाश कैसे करूँ? मैं वहाँ विदेशी छात्र था। मेरे बॉस स्वागत कक्ष में आकर मुझसे मिले और मुझे बताया—(1) मैं नियमित रूप से काम नहीं करता, इसलिए मेरा भरोसा नहीं किया जा सकता; (2) यदि मैं ईमानदारी से कोशिश करूँगा तो मुझे बेहतर नौकरी मिल सकती है। मैं उनके इन शब्दों का ऋणी हूँ, जिन्होंने मुझ पर इतना प्रभाव डाला।

> अपनी कंपनी से मोह न करें। इस तरह से कार्य करें मानो आपको कभी भी नौकरी से निकाला जा सकता है। क्योंकि आपको कभी भी काम से हटाया जा सकता है, इसलिए आप भी किसी भी दिन कंपनी को छोड़ सकते हैं। यह दोतरफा व्यवस्था है। भविष्य के तनाव को काम करने के लिए अपना सुरक्षा-तंत्र तैयार करना शुरू कर दें।

आपको यह याद रखना है कि अपने माता-पिता एवं बच्चों के अलावा और कोई भी रिश्ता पक्का नहीं होता। मेरा अनुभव बताता है कि जितनी ऊँचाई पर व्यक्ति पहुँचता है उतनी ऊँचाई से गिरता भी है। अपने मन में यह खयाल न आने दें कि आपका होना बहुत जरूरी है। ऐसा करके आप लाखों प्रकार के तनाव से

बच जाएँगे। मैं आपके सामने यह विचार स्पष्ट करना चाहूँगा। एक बालटी लें और उसमें पानी भरें। कलाई तक अपना हाथ डुबोएँ। हाथ से पानी हिलाएँ तथा तेजी से अपना हाथ बाहर निकाल लें। पानी में बने गड्ढे की आकृति इस बात की माप है कि आपने कितना खोया। जब आप कुछ कार्य शुरू करते हैं या प्रवेश करते हैं तो पानी के समान उछाल आता है और पानी में तूफान के समान हलचल होती है, लेकिन जैसे ही आप हाथ बाहर निकालते हैं, पानी पूर्व स्थिति में आ जाता है।

4. अपनी तुलना सिर्फ स्वयं से करें

यदि आप वास्तव में जीवन का आनंद उठाना चाहते हैं तो अपनी तुलना दूसरों से न करें। सिर्फ स्वयं से ही तुलना करें। यदि आप दूसरों से तुलना करना चाहते हैं तो अपने से कम सौभाग्यशाली व्यक्तियों से तुलना करें, यह जादू का काम करेगा। कुछ वर्ष पहले मैंने यह सीखा था कि जीवन में आनंद पाना आसान भी है और कठिन भी। यदि आपकी मनोवृत्ति या मानसिक स्थिति सही है तो आपको हर स्थिति में आनंद मिलेगा। जब मैं शाम को घर जाता हूँ तो अपने छोटे से ए.सी.-युक्त कमरे में एक कप चाय तथा तीन मक्खन लगे टोस्ट देखता हूँ। मैं अपने मित्रों के पास रखी दौलत से ध्यान हटा लेता हूँ। ये मित्र मुझसे बेहतर स्थिति में हैं। कुछ वर्ष पहले मेरे पास एयर कंडीशनर नहीं था, लेकिन उसका मुझ पर कोई फर्क नहीं पड़ा। आज मेरे पास एयर कंडीशनर है और मैं उसका आनंद उठा रहा हूँ। अधिकांश तनाव तब आते हैं जब हम अपनी तुलना दूसरों से करते हैं। मेरे विचार से, यह मूर्खता है। मैंने वर्षों पहले उस समय यह सीखा था, जब मैं ट्रैक्टर की मार्केटिंग कर रहा था। यह आम प्रवृत्ति है कि हम अपने उत्पाद की दूसरों के उत्पाद से तुलना करते हैं। यद्यपि हम दूसरों के सामने अपने उत्पाद की तारीफ करते हैं; लेकिन हम उन्हें पर्याप्त रूप से संतुष्ट नहीं करवा पाते, क्योंकि हम वास्तविकता जानते हैं। उदाहरण के लिए, एस्कॉर्ट ट्रैक्टर के मामले में मैं अच्छी तरह से जानता था कि ग्राहकों तथा डीलर्स के सामने कौन-कौन सी समस्याएँ आई हैं। मैं उन समस्याओं की लंबी सूची तैयार कर सकता हूँ, जो तनाव भरी हो सकती हैं। तथापि जहाँ तक मेरे प्रतियोगी के उत्पादों का सवाल है, मुझे उनकी समस्याओं की विस्तृत जानकारी नहीं है।

स्वयं के कार्य की अन्य के कार्य से तुलना करना खतरनाक है, क्योंकि

इससे अधिक तनावपूर्ण परिणाम सामने आते हैं। तुलना असुरक्षा की भावना पैदा करती है। फिर भी आदतन हम अपने बच्चों की अपने मित्रों, सहयोगियों तथा रिश्तेदारों के बच्चों से तुलना करते हैं। इसका परिणाम ऐसा होता है कि एक क्षण में हम विश्व के शिखर पर पहुँच जाते हैं और अगले ही क्षण हमारे मन में हीनता की भावना आ जाती है। हम गर्त में चले जाते हैं। मैं वह दिन नहीं भूल पाया जब मैं 30 दिन के 'प्रोत्साहन अवकाश' के बाद यू.एस.ए. से लौटा था। मैं वहाँ 36 एस्कॉर्ट डीलर्स के ग्रुप का लीडर बनकर गया था। मैंने अपनी पत्नी से कहा, "हम कितने खुशकिस्मत हैं!" अगले ही क्षण वह फूट पड़ी, "इसमें ऐसी क्या खास बात है? न जाने कितने पति अपनी पत्नियों को हर साल विदेशों में घुमाते हैं!" जहाँ मैं अभी भी एस्कॉर्ट का तहेदिल से शुक्रगुजार था कि इस कंपनी की वजह से मुझे ऐसा सुनहरा मौका मिला है, वहीं मेरी पत्नी सोचती है, 'तो क्या हुआ'! परिणाम यह है कि मैं जितना खुश हूँ, वहीं मेरी पत्नी उदासीन और तनावग्रस्त हैं। कारण, वह स्वयं की दूसरों से तुलना या बराबरी कर रही हैं।

5. अपने क्रोध पर रचनात्मक ढंग से काबू पाएँ

यदि अंग्रेजी के शब्द anger के आगे d जोड़ दें तो यह danger यानी खतरा बन जाता है। हममें से प्रत्येक व्यक्ति इस भावना को महसूस करता है। लेकिन यह ऐसी भावना है, जिस पर पूरी तरह से नहीं तो काफी हद तक काबू पाया जा सकता है। प्रत्येक व्यक्ति को खुद निर्णय लेना होता है। वर्षों पहले मैंने अपने गुस्से पर इस तरह का काबू पाने का फैसला लिया था कि आज मुझे अपनी उपलब्धियों पर गर्व है। जब कभी मैं अपने आप पर नियंत्रण नहीं रख पाता हूँ, मुझे स्वयं पर शर्म आती है। आत्म-विश्लेषण करते समय मेरे मन-मस्तिष्क में ऐसी गलतियाँ कौंध जाती हैं। तब मैंने फैसला लिया कि मैं अपनी गलतियों से सीखूँगा। मुझे खुशी है कि मैंने उस विधि को अपनाकर काफी हद तक अपने क्रोध पर काबू पा लिया है। आप भी इस दिशा में प्रयास कर सकते हैं तथा इसका यह लाभप्रद एवं कारगर परिणाम सामने आएगा—आप कम तनावग्रस्त होंगे।

मैं क्रोध से हानि का एक उदाहरण 'रामायण' से देना चाहूँगा। रावण अत्यधिक ज्ञानी व विद्वान् था। उसके पास विद्वत्ता से भरपूर दस शीश थे। लेकिन उसके मन-मस्तिष्क पर सफलता का नशा छा गया था। इस सफलता एवं अहंकार ने उसकी विनम्रता को समाप्त कर दिया। साथ ही उसके अन्य गुण भी इस

अहंकार ने निगल लिये।

इसीलिए जब उसकी बहन शूर्पणखा ने उसे तोड़-मरोड़कर अपने कुकृत्य तथा नाक कटने की कहानी सुनाई तो जल्दी क्रोधित हो जाने की आदत के कारण रावण अपनी बहन से ये आसान प्रश्न करना भूल गया—

- तुम राम और लक्ष्मण से मिलने क्यों गईं?
- उस समय वास्तव में क्या हुआ?
- मैं राम से मिलकर क्यों न उसकी बात सुनकर घटना के दूसरे पक्ष को भी जान लूँ।

रावण के व्यवहार का और कुछ परिणाम सामने नहीं आया बल्कि वह स्वयं और उसका सारा परिवार तनावग्रस्त हो गया। जो लोग अपने क्रोध पर काबू नहीं पाते, उनके सामने रावण का विशिष्ट उदाहरण है। यद्यपि वह बुद्धिमान था, लेकिन क्रोध के कारण उसने ऐसी गलती की, जिसके कारण उस पर तथा उसके प्रियजनों पर मुसीबतों का पहाड़ टूट पड़ा। राम और रावण के बीच युद्ध का यह प्रमुख कारक था। इसलिए मैं हमेशा राम बनने अर्थात् तनाव-मुक्त होने के लिए प्रयास करता हूँ।

6. के.एफ.पी. तथा बी.एफ.पी.

विनम्रतापूर्वक मैंने के.एफ.पी. और बी.एफ.पी. की खोज की। इसका अर्थ है—'क्या फर्क पड़ता' है तथा 'बहुत फर्क पड़ता' है। मुंबई में एस्कॉर्ट के मेरे मित्र अमृत मेहरा ने मुझे 'क्या फर्क पड़ता' है (के.एफ.पी.) का विचार दिया था। उनके अंकल ताश खेलते समय अकसर इस वाक्य का इस्तेमाल करते थे।

जैसा कि आप जानते हैं, कुछ ऐसे लोग होते हैं, जो थकान दूर करने के लिए ताश खेलते समय भी तनावग्रस्त हो जाते हैं। लेकिन अमृत के अंकल ताश खेलते समय कोई बहुत बड़ी गलती हो जाने पर भी तनावग्रस्त या परेशान होने की बजाय के.एफ.पी. कहते थे। ऐसा सुनते ही हर कोई जोर से हँसने लगता था। इस बारे में सोचें—हम आराम करने के लिए खेलते हैं या तनावग्रस्त होने के लिए?

जब मैं प्रशिक्षण सत्र के दौरान के.एफ.पी. के बारे में बात कर रहा था, तब मेरे मित्र सुभाष ने बी.एफ.पी. का विचार दिया। मैं रोजमर्रा के जीवन में अकसर के.एफ.पी. का इस्तेमाल करता हूँ। ये भले शब्द ऐसे गरम चाकू के समान

मेरे तनाव को नष्ट करते हैं, जो जमे हुए मक्खन को भी काट देता है।

स्पष्ट शब्दों में, मैं बी.एफ.पी. का विरले ही इस्तेमाल करता हूँ, क्योंकि मैं जीने-मरने का सवाल समझकर प्रश्नों का सामना नहीं करता। जब मेरी ईमानदारी, निष्ठा तथा मेरे आशय पर प्रश्नचिह्न लगता है, तब मैं किसी प्रकार का समझौता नहीं करता। यदि मेरी इन अच्छाइयों को कोई खतरा नहीं होता तो मैं के.एफ.पी. मानकर चलता हूँ। मसला चाहे बी.एफ.पी. का हो या के.एफ.पी. का, यह जरूरी है कि आम तौर पर हँसी का माहौल बने तथा हम भी हँसें।

हँसी प्रकृति का नायाब टॉनिक है। खुलकर हँसने से हम स्वयं को बेहतर महसूस करते हैं। अच्छी पुस्तकें पढ़ें, जिनमें हँसी का पुट हो। हँसमुख लोगों से मिलें। हास्य फिल्में देखें—जैसे चार्ली चैपलिन। अच्छे व श्रेष्ठ चुटकुले सुनें। कुछ चुटकुले सुनकर हँसते-हँसते पेट में बल पड़ने लगते हैं और क्षण भर के लिए तनाव दूर हो जाता है। कुछ-न-कुछ करते रहें, कोशिश करते रहें, हँसते रहें। ऐसे लोगों की संगति में ज्यादा समय न बैठें, जो हँसते नहीं या हँसने की कोशिश नहीं कर सकते तथा हँसेंगे भी नहीं। केवल तभी आप ऐसे लोगों से मिलेंगे, जो चुटकुले सुनेंगे या सुनाएँगे तथा आप हँसेंगे-हँसाएँगे। हँसी चारों ओर फैलती है।

7. बिना सोचे-समझे कुछ न कहें

द्रौपदी ने कहा था, 'अंधे का पुत्र भी अंधा है।' और 'महाभारत' का युद्ध छिड़ गया। अब जरा बताएँ कि राजकुमारी होने पर भी उसने देखते ही ऐसे कड़वे शब्द क्यों बोले? यह तो मैं भी नहीं जानता, लेकिन इतना कहा जा सकता है कि या तो वह नासमझ थी या हठी स्वभाव की, इसीलिए उस पर ऐसा कलंक लगा। उसे अपनी इस गलती के लिए क्षमा माँगनी चाहिए थी।

इस एक ही वाक्य ने कौरवों और पांडवों के बीच असंख्य तनाव पैदा कर दिए। युद्ध छिड़ गया, अनेक परिवार नष्ट हो गए।

कार्यालयों और घरों में रोज यही होता है। अकसर हम जब युवावस्था में होते हैं, तभी ऐसी बातें करते हैं। संयोगवश, अनुभव तथा आत्म-विश्लेषण से हमें शिक्षा मिलती है कि हमें शुरू में ही अपने आप पर काबू पाकर हजारों तनावों से बचना है। इसमें मौन सबसे अधिक कारगर है। मौन तनाव को रोकता है। मौन निर्वाण है।

मुझे इस बात की प्रेरणा बरसों पहले मेरे बेटे द्वारा सुनाई गई एक कहानी

से मिली थी—

पिता-पुत्र एक स्थानीय बस में सफर कर रहे थे। पिता ने कंडक्टर से किसी अन्य जगह जाने के लिए बस रूट पूछा तो कंडक्टर ने बड़ा रूखा-सा जवाब दिया—अर्थात् अपमानजनक भाषा का इस्तेमाल किया। थोड़ी देर बाद बेटे ने पिता से पूछा कि उन्होंने पलटकर जवाब क्यों नहीं दिया? पिता ने जवाब दिया, "देखो बेटे, कंडक्टर ने अपमानजनक भाषा में जवाब दिया, क्योंकि यह उसका स्वभाव था। शायद काफी समय से वह ऐसी ही प्रकृति में जी रहा है। मैं इतना समझदार हूँ कि मैं एक-दो मिनट के लिए उसकी इस प्रकृति को झेल सकूँ!"

शिक्षा

यदि कोई व्यक्ति आपका अपमान करता है तो आप भी उस व्यक्ति के स्तर तक न गिरें। आप इतने ऊँचे मानसिक धरातल पर खड़े रहें, जहाँ तक फेंके गए पत्थर से आपको चोट न पहुँचे।

□

भाग-5

आत्म-प्रबंधन की प्रेरणादायी कहानियाँ

1. पिता ही बेटे को बनाता या बिगाड़ता है

भाग-1

अल कैपोन शिकागो (यू.एस.ए.) का सबसे बड़ा माफिया डॉन था। कई वर्ष पहले पूरे शिकागो पर उसका राज चलता था। कैपोन ने कोई बहादुरी का कारनामा नहीं किया था। गैर-कानूनी या अवैध शराब के धंधे से लेकर वेश्यावृत्ति तथा हत्या तक के शहरी अपराध जगत् में उसका पहला स्थान था। वह अपने कुकृत्यों के लिए कुख्यात था।

कैपोन का एक वकील था, जो 'ईजी एडी' के नाम से जाना जाता था। एडी बहुत अच्छा इनसान था। वस्तुतः कानून के क्षेत्र में एडी के कौशल के कारण ही बिग अल लंबे समय तक जेल की चारदीवारी से बाहर रहा।

उसके इन गुणों को देखते हुए कैपोन उसे काफी मोटी रकम तथा सुख-सुविधाएँ उपलब्ध करवाता था। पैसा ही नहीं, एडी को विशेष मुनाफा भी मिलता था। उदाहरण के लिए, वह और उसका परिवार सुरक्षित 'मेंशन' (हवेली) में रहता था। उसमें सभी सुख-सुविधाएँ मौजूद थीं। एस्टेट इतनी बड़ी थी कि उसमें पूरे शहर का ब्लॉक समा जाए। लेकिन उसने अपने चारों ओर लोगों पर होनेवाले अत्याचारों से आँखें मूँद रखी थीं। एडी का एक बेटा था, जिसे वह बहुत प्यार करता था। एडी चाहता था कि उसके छोटे से बेटे को हर सुख मिले—कपड़े, कार और शिक्षा आदि। किसी चीज की कमी नहीं थी। कीमत पर कोई ध्यान नहीं दिया जाता था। अपराध जगत् से जुड़े होने के बावजूद एडी ने उसे सही शिक्षा देने तथा सही मार्ग दिखाने की भी कोशिश की। एडी चाहता था कि उसका बेटा एक बेहतर इनसान बने।

दौलत और दबदबा होने पर भी उसके पास दो चीजों का अभाव था, जो वह अपने बेटे को नहीं दे सकता था—नेकनामी और अच्छा उदाहरण। एक दिन ईजी एडी ने एक कठिन फैसला लिया। एडी अपने गुनाहों को धोना चाहता था। उसने यह निर्णय लिया कि वह अधिकारियों के पास जाकर भयावह अल कैपोन के बारे में सारी सच्चाई बता देगा। अपने नाम पर लगे कलंक को धो देगा तथा अपने पुत्र के सामने निष्ठा का जीता-जागता उदाहरण पेश करेगा।

ऐसा करने के लिए उसे अल कैपोन के खिलाफ प्रमाण देना होगा और वह अच्छी तरह से जानता था कि उसे इसकी भारी कीमत चुकानी पड़ेगी। लेकिन

उसने साक्ष्य दिया। एक वर्ष के भीतर ही शिकागो की एक सुनसान गली में बंदूक की गोली से ईजी एडी की जीवन-लीला समाप्त कर दी गई। लेकिन उसकी नजर में उसने अपने बेटे को सबसे बड़ा उपहार दिया था, जिसके लिए उसने इतनी ज्यादा कीमत अदा की।

भाग-2

द्वितीय विश्व युद्ध ने अनेक वीर नायकों को जन्म दिया था। ऐसा ही एक वीर लेफ्टिनेंट कमांडर बुच ओ' हेयर था। वह दक्षिण प्रशांत महासागर में लेक्सिंगटन विमान बेड़े में लड़ाकू पायलट के रूप में तैनात था। एक दिन उसका पूरा स्क्वाड्रन मिशन पर भेज दिया गया था। विमान में बैठने के बाद उसने ईंधन की गेज को देखा। उसे पता चला कि कोई ईंधन के टैंक का ढक्कन बंद करना भूल गया है। उसके पास इतना ईंधन नहीं था कि वह मिशन पर पहुँच पाता तथा वहाँ से अपने जहाज पर लौट पाता। उसके फ्लाइट लीडर ने बेड़े पर लौटने का आदेश दिया।

अनिच्छा से वह बेड़े की ओर वापस मुड़ा। जब वह अपने 'मदर शिप' पर लौट रहा था तो उसे कुछ दिखाई दिया। देखते ही वह सकते में आ गया। जापानी विमानों का स्क्वाड्रन तेजी से अमेरिकी बेड़े की ओर आ रहा था। अमेरिकी लड़ाकू जहाज उड़ान भर चुके थे तथा बेड़ा असुरक्षित था। वह न तो अपने स्क्वाड्रन के पास ही जा सकता था, ताकि वे समय पर पहुँचकर बेड़े को बचा सकें और न ही बेड़े को इस खतरे की चेतावनी दे सकता था।

उसके सामने सिर्फ एक ही रास्ता था। उसे किसी-न-किसी तरीके से उन हवाई जहाजों को बेड़े की दिशा से हटाना होगा।

उसने अपनी सुरक्षा को ताक पर रख दिया। वह जापानी विमानों के व्यूह में घुस गया। जैसे ही उसने धावा बोला, 50 सेलीबर पर विंग से आग का गोला उठा और सीधे दुश्मन के विमान से जा टकराया। उसके बाद ऐसा बार-बार होता रहा। बुच ने ऐसा ताना-बाना बुना कि जापानी व्यूह टूट गया। जब तक उसके विमान में मौजूद गोला-बारूद समाप्त नहीं हो गया, वह अनेक विमानों पर गोले दागता रहा। उसने निर्भीक होकर हमले जारी रखे। वह निरंतर अपने विमान के पिछले हिस्से से इस आशा में दुश्मन के विमानों को काटने की कोशिश करता रहा कि जहाँ तक संभव हो, दुश्मन के विमानों को इतना नुकसान पहुँचाया जाए कि वे उड़ न सकें।

आखिरकार, शायद यह सोचकर जापानी स्क्वाड्रन दूसरी दिशा में चला गया कि और अमेरिकी लड़ाकू विमान भी इस ओर आ रहे हैं। राहत की साँस लेकर बुच ओ' हेयर तथा उसका लगभग नष्ट हो चुका विमान किसी तरह से कैरियर पर लौट आया। वहाँ पहुँचने पर उन्होंने रिपोर्ट दी तथा सारा वृत्तांत कह सुनाया। विमान पर लगे गन-कैमरे से ली गई फिल्म पूरी गाथा सुना रही थी। इस फिल्म से यह स्पष्ट दिखाई दे रहा था कि बुच ने कितने साहस और निर्भीकता से अपना बेड़ा बचाया। वस्तुतः उसने दुश्मन के पाँच विमान मार गिराए थे।

20 फरवरी, 1942 को यह घटना घटी थी। बुच के इस शौर्य के कारण वह द्वितीय विश्व युद्ध में नौसेना का पहला 'एस' (करामात दिखानेवाला) बन गया। वह नौसेना का पहला विमान चालक (एविएटर) था, जिसे 'कांग्रेशनल मेडल ऑफ ऑनर' से सम्मानित किया गया। एक वर्ष बाद 29 वर्ष की आयु में बुच विमान-युद्ध में मारे गए। उनके मूल स्थान के लोग उनकी स्मृति को अक्षुण्ण रखना चाहते थे। इसलिए आज भी उस वीर पुरुष के साहस और निर्भीकता को नमन करते हुए शिकागो के एयरपोर्ट का नाम ओ' हेयर है। इसलिए अगली बार जब आप ओ' हेयर अंतरराष्ट्रीय एयरपोर्ट पर जाएँ तो वहाँ के बुच मेमोरियल अवश्य जाएँ, जहाँ उस नायक की प्रतिमा है तथा मेडल ऑफ ऑनर दरशाया गया है। यह मेमोरियल टर्मिनल 1 और 2 के बीच स्थित है। लेकिन इन दोनों कहानियों का एक-दूसरे से क्या संबंध हो सकता है?

पहली कहानी में 'ईजी एडी' का पूरा नाम एडवर्ड ओ' हेयर था। बुच ओ' हेयर उसी का बेटा था!

2. नेकी की संभावनाएँ

स्कॉटलैंड में फ्लेमिंग नाम का एक गरीब किसान रहता था। एक दिन वह अपने परिवार के लिए रोजी कमाने की तलाश में जा रहा था कि उसे एक आवाज सुनाई दी। कोई दलदल से बाहर निकलने के लिए मदद माँग रहा था। फ्लेमिंग ने अपने सभी उपकरण नीचे रख दिए और दलदल की ओर भागा। उसने देखा कि एक लड़का कमर तक दलदल और कीचड़ में धँसा हुआ है। वह भयभीत बच्चा दलदल से निकलने के लिए चिल्ला रहा था और वहाँ से निकलने के लिए हाथ-पैर मार रहा था। फ्लेमिंग ने धीमी गति से बढ़ रही, लेकिन भयावह मौत से उस लड़के को बचा लिया। अगले दिन स्कॉटमैन की छितरी बस्ती में एक

खूबसूरत बग्घी आकर रुकी। उस बग्घी में से सुशिष्ट और सलीके से कपड़े पहने एक सज्जन नीचे उतरा और उसने फ्लेमिंग को अपना परिचय दिया कि ''मैं उस बच्चे का पिता हूँ, जिसे आपने बचाया था। आपने मेरे बच्चे की जान बचाई है, उसके बदले में मैं आपको कुछ देना चाहता हूँ।''

''नहीं, मैं नेक काम के बदले कुछ भी स्वीकार नहीं कर सकता।'' किसान ने जवाब दिया और भद्र पुरुष का प्रस्ताव ठुकरा दिया। उसी क्षण किसान का बेटा झोंपड़ी से बाहर आ गया।

''क्या यह आपका बेटा है?'' सज्जन ने पूछा।

''हाँ।'' किसान ने गर्व से जवाब दिया।

''मैं एक समझौता करना चाहूँगा। मैं इसे भी उसी स्तर की शिक्षा देना चाहता हूँ जो मेरा बेटा ले रहा है। यदि इस बच्चे में अपने पिता के समान योग्यता होगी तो इसमें कोई शक नहीं कि यह इतना महान् व्यक्ति बनेगा, जिस पर हम दोनों को गर्व होगा।'' उस सज्जन ने अपना वायदा निभाया।

फ्लेमिंग का बेटा एक अच्छे स्कूल में पढ़ने लगा। इसी बीच उसने लंदन के सेंट मेरी हॉस्पिटल मेडिकल स्कूल से स्नातक की डिग्री हासिल की और आगे चलकर विश्वविख्यात वैज्ञानिक सर एलेक्जेंडर फ्लेमिंग बना, जिसने पेनिसिलीन की खोज की थी।

वर्षों बाद उस सज्जन का वह बेटा निमोनिया का शिकार हो गया, जिसे दलदल से बचाया गया था। इस बार पेनिसिलीन की दवा ने उसकी जान बचाई।

इस भद्र पुरुष का नाम था—लॉर्ड रैनडोल्फ़ चर्चिल और उनके बेटे का नाम था—सर विंस्टन चर्चिल।

3. अपनी नियति स्वयं बनाएँ

मैनपुरी, उत्तर प्रदेश में एक बूढ़ा किसान आलू की खेती करता था। उसकी जिंदगी में ऐसी घटनाओं का सिलसिला शुरू हो गया, जिससे उसका पूरा जीवन अस्त-व्यस्त हो गया। किसी गंभीर अपराध या जुर्म के कारण उसके जवान बेटे को जेल हो गई।

उसने अपने बेटे को प्यार भरा एक पत्र लिखा। उस पत्र में उसने लिखा कि बुढ़ापे के कारण अब वह न तो अपने खेत जोत सकता है और न ही आलू बो सकता है। वह कोई फैसला भी नहीं कर पा रहा था। उसने पत्र में अपनी पीड़ा

व्यक्त की तथा इस पर जोर दिया कि उसे अपने बेटे की बहुत याद आती है।

अगले दिन बूढ़े किसान को तार मिला—'पिताजी, आप खेत न जोतें। मैंने वहाँ दो ए.के.-47 राइफलें दबा रखी हैं।' अब बूढ़ा किसान और अधिक परेशान हो गया। उसकी नींद उड़ गई। तड़के 4.00 बजे पुलिस ने उसे जगाया और खेत पर ले गई। पुलिस ने किसान के खेत गहराई से खोदने शुरू कर दिए, ताकि वहाँ ए.के.-47 राइफलें दिखाई दें। लेकिन आश्चर्य, उन्हें कुछ नहीं मिला।

पिता अब और अधिक चिंतित हो गया। उसने बेटे को दोबारा पत्र लिखा तथा जो कुछ घटित हुआ था, उसका पूरा वृत्तांत लिखा कि बेटे, तुमने मेरे साथ यह सब क्यों किया? बेटे ने जवाब भेजा—"पिताजी, जेल में रहकर मैं आपकी और क्या मदद कर सकता हूँ? अब आप अपना अगला काम करें, यानी आलू बोएँ। मेरे पास इसके अलावा और कोई रास्ता नहीं था, जिसके कारण आप मुझ पर गर्व महसूस कर सकें।"

4. सही कार्य करें, सही तरीके से करें

एक अमेरिकी महिला जयपुर में एक हलवाई की दुकान में जलेबियाँ बनते देखकर रोमांचित हो उठी। उसने जलेबी बनाने के तरीके को समझने और देखने में काफी समय लगाया। उसने अपने मन में कई बातें नोट कीं तथा उसे विश्वास हो गया कि वह यह काम अच्छी तरह से कर सकती है।

अमेरिका वापस लौटने पर उसने जलेबी बनाने की कोशिश कर अपना भाग्य आजमाने की कोशिश की। उसने दिमाग में नोट की गई बातों को याद किया तथा इस नतीजे पर पहुँची कि जलेबी बनाते समय काफी निचोड़ने तथा हिलाने-डुलाने की जरूरत पड़ती है।

उसने कई बार कोशिश की, लेकिन नतीजा शून्य निकला। जलेबी की बजाय उसने छोटी-छोटी गोलियाँ बनाईं। वह मुख्य दिक्कत नहीं समझ पाई। उसने जयपुर में अपने मित्र को फोन करने का फैसला लिया। वह बार-बार अपने मित्र द्वारा दी गई हिदायतों पर अमल करती—निचोड़ो और हिलाओ, निचोड़ो और हिलाओ। अंततः, जयपुर में रहनेवाले मित्र ने गणेशजी का ध्यान लगाया और अमेरिका की मित्र से कहा कि धीरे-धीरे बताएँ कि वह क्या करती हैं। जानकर उसे समझ में आया कि वह महिला हास्यास्पद ढंग से बनाने का कार्य कर रही थी। वह हाथ से आटा गूँध रही थी और साथ ही अपने कूल्हों को हिला रही थी।

उसने निचोड़ने और हिलाने की तकनीक का गलत अर्थ समझ लिया।

जब कभी आपके जीवन में कोई कार्य सही ढंग से न हो रहा हो तो आश्वस्त हो जाएँ कि आपको केवल सही कार्य ही नहीं करना, बल्कि सही ढंग से भी करना है।

5. पिता के समान रचनात्मक प्रवृत्तिवाले बनें

एक किशोर ने हाल ही में ड्राइविंग टेस्ट पास किया था और वह अपने पिता की कार चलाना चाहता था। उसका पिता भी सहमत हो गया। उसने अपने पुत्र से कहा कि वह उसे घर से 18 मील दूर किसी स्थान पर छोड़ने के बाद सर्विस के लिए कार ले जाए। पिता चाहता था कि दोपहर बाद 4.00 बजे बेटा उसे लेने आ जाए, ताकि वे दोनों एक साथ घर लौट सकें।

बेटे ने पिता को कार से उस स्थान पर छोड़ दिया तथा कार गैराज में दे कर फिल्म देखने के लिए चला गया। काफी समय बीत चुका था। वह 6.00 बजे तक फिल्म देखता रहा।

वह इस खयाल से डरा हुआ था कि उसके पिताजी देर से आने के लिए उसे डाँटेंगे तथा फिर दोबारा उसे अपनी कार नहीं देंगे। लड़के ने गैराज से कार ली तथा नियत स्थान पर पहुँच गया। उसने कहा, ''डैड, माफ करें, मुझे देर हो गई। लेकिन कार की सर्विस करने में मेकैनिक को काफी समय लग गया।''

''बेटे, मैंने गैराज में फोन किया था।'' उसके पिता ने जवाब दिया, ''4:00 बजे कार तैयार थी।''

लड़के ने सिर झुकाकर कहा, ''सॉरी, मैं फिल्म देखने चला गया था।''

''बेटे, मुझे बहुत गुस्सा आ रहा था।'' पिता ने क्षण भर सोचने के बाद जवाब दिया, ''लेकिन तुम पर नहीं। मैं खुद से नाराज था। पिता के रूप में मुझसे कहाँ पर चूक हो गई? तुम्हें मुझसे झूठ क्यों बोलना पड़ा? अब तुम कार घर ले जाओ। मैं पैदल घर आऊँगा। मैं आत्म-विश्लेषण करूँगा।''

बच्चा पिता के पीछे-पीछे आ रहा था। उसने गिड़गिड़ाते हुए पिता से विनय की कि वह कार में बैठ जाएँ। लेकिन पिता चुपचाप चलता रहा। सारे रास्ते वह आत्म-विश्लेषण करता रहा। परेशान पुत्र ने संकल्प लिया कि वह दोबारा कभी झूठ नहीं बोलेगा।

स्वयं को बदलें, तभी जमाना आपके अनुसार बदलेगा।

6. एक अमेरिकी किसान ने जापानवासी को गाय बेच दी

मंद गति से काम करनेवाले जापान के लोगों के बारे में स्कोप (SCOPE) के महासचिव श्री एम.ए. हकीम ने एक रोचक कहानी सुनाई।

जापान का छह सदस्यों का एक शिष्टमंडल गाय खरीदने के लिए टेक्सास गया। एक अमेरिकी किसान ने उन्हें गाय दिखाई तथा बताया कि वह उनके साथ बहुत अच्छा सौदा करेगा। यदि कोई जापानवासी गाय चुनता है तो प्रत्येक गाय की कीमत 100 डॉलर होगी और यदि कोई अमेरिकी चुनता है तो गाय की कीमत 90 डॉलर होगी। अमेरिकी किसान चाहता था कि शिष्टमंडल जल्दी से फैसला ले ले, जैसाकि अधिकांश भारतीय और अमेरिकी करते हैं। लेकिन जापान के लोग मानते हैं कि धीमी गति से लगातार चलनेवाला ही दौड़ जीतता है। जापान का शिष्टमंडल एक घंटे के लिए मीटिंग रूम में चला गया। अमेरिकी बेताब हो रहे थे तथा धीमी गति से सोचनेवाले जापानवासियों को कोस रहे थे।

आखिरकार जब जापान के लोग बाहर आए तो किसान ने चिंतित होकर उनके फैसले के बारे में पूछा। जापानी नेता ने शांतिपूर्वक जवाब दिया, ''मिस्टर बिल, हम चाहते हैं कि हमारे लिए आप ही गाय चुनें।''

अमेरिकी किसान ने पूछा, ''कितनी?''

जापानी—''सारी।''

सुस्त जापानी शिष्टमंडल ने सौदा कर लिया तथा अमेरिकी किसान ने थोड़ा सा नुकसान उठाकर सारी गायें बेच दीं।

□

भाग-6

'सीमित दायरे से बाहर सोचनेवालों' की सफलता की गाथाएँ

1. एलेक्जेंडर ग्राहम बेल

सन् 1847 में जनमे एलेक्जेंडर ग्रहम बेल ऐसे परिवार के बीच पले-बढ़े, जहाँ परस्पर संप्रेषण का अभाव था। जब वह बहुत छोटे थे तो अपनी बधिर माँ से अद्भुत तरीके से संप्रेषण करते थे। वे नम्य, स्पष्ट और गुंजायमान स्वर इस्तेमाल करते थे। वह असमय पैदा हुए थे, लेकिन उन्होंने बहुत जल्दी बोलना सीख लिया और सन् 1871 में मूक-बधिर के बॉस्टन स्कूल में सांकेतिक भाषा में पढ़ाना शुरू कर दिया। इन सबसे ऊपर, वे स्वयं को बधिरों का शिक्षक मानते थे।

अनेक संदेशों के बीच सादृश्य तथा वाद्य यंत्र के तारों में अनेक प्रकार के सुरों के बीच तुलना करके वह 'हार्मोनिक टेलीग्राफ' के फॉर्मूले पर पहुँच गए। यह यंत्र (डिवाइस) बेल के इस सिद्धांत पर आधारित था कि मनुष्य वाणी को तार के माध्यम से संचरित किया जा सकता है। इस तार को आंशिक रूप से तरल पदार्थ में डुबोया जाता है। चार्ल्स विलियम्स की बिजली की दुकान पर एलेक्जेंडर ग्राहम बेल तथा थॉमस वाटसन का मेल प्रौद्योगिकी के इतिहास में सबसे बड़ा संयोग था। वाटसन और बेल ने मिलकर 'हार्मोनिक टेलीग्राफ' को परिष्कृत किया। 10 मार्च, 1876 को दोनों व्यक्ति इस यंत्र के परीक्षण के लिए बैठ गए। बेल अचानक अंतरित किए जानेवाले तरल पदार्थ—बैटरी एसिड—से टकरा गया। इस तरल पदार्थ के बिखरने पर होनेवाली प्रतिक्रिया को देखकर मिस्टर बेल चिल्ला उठे, "मिस्टर वाटसन, जल्दी आओ। मैं आपको कुछ दिखाना चाहता हूँ।" साथवाले कमरे में बैठे मिस्टर वाटसन ने तार के माध्यम से बेल की आवाज सुनी। विश्व में सबसे पहले वाटसन ने ही टेलीफोन सुना।

2. चेस्टर फ्लॉयड कार्लसन

चेस्टर फ्लॉयड कार्लसन (सन् 1906-1968) ने जेरोक्स मशीन का आविष्कार किया था। उनका जन्म सिएटल, वाशिंगटन में 8 फरवरी, 1906 को हुआ था। उनके माता-पिता बहुत बीमार रहते थे। जब वे चौदह वर्ष के थे तो गठिया रोग तथा तपेदिक से पीड़ित अपने माता-पिता की सेवा करते थे।

जब वे सत्रह वर्ष के ही थे तो तपेदिक से पीड़ित उनकी माँ चल बसीं और जब वे चौबीस वर्ष के थे तो उनके पिता चल बसे। उन्होंने रिवरसाइड, कैलिफोर्निया में इंस्टीट्यूट ऑफ टेक्नोलॉजी में अपना नाम दर्ज कराया और भौतिकी में स्नातक की डिग्री हासिल की। इसके बाद उन्होंने लगभग 82 कंपनियों को नौकरी के लिए

पत्र लिखे, लेकिन सभी ने जवाब दे दिया।

आमतौर पर आवश्यकता आविष्कार की जननी मानी जाती है। लेकिन कभी-कभी अन्य कारणों से भी लोग नई खोज करते हैं। उदाहरण के लिए, किसी आविष्कार के पीछे प्रेरक शक्ति बोझिल कार्यों को हलका करने तथा ऐसे कार्यों के स्थान पर अधिक कारगर विकल्पों के इस्तेमाल की इच्छा होती है।

जेरोक्स मशीन के आविष्कर्ता चेस्टर एफ. कार्लसन के मामले में भी ऐसा ही कुछ था। युवावस्था में कार्लसन इलेक्ट्रिकल पुरजों के एक मेकर के लिए पेटेंट विश्लेषक का कार्य करता था। इस नौकरी के लिए उसे प्रलेखों तथा आरेखों के लिए घंटों तक कार्य करना होता था। उन्हें कागज का कार्य तैयार करना होता था। ये सभी कागजात कंपनी की नई खोज तथा योजना को पंजीकृत कराने के लिए पेटेंट ऑफिस में जमा कराए जाते थे, तथापि पेटेंट ऑफिस में अनेक प्रतियों की जरूरत होती थी। उन्हें अनेक बार एक ही प्रति को हाथ से लिखना पड़ता था। प्रतियों के पुनरालेखन में कई-कई घंटे लग जाते थे। इसके अलावा कार्लसन की पास की नजर कमजोर थी तथा उन्हें गठिया रोग भी था। इसके कारण उनका कार्य और ज्यादा कठिन हो गया। उन्होंने महसूस किया कि इन सब कार्यों को करने का बेहतर तरीका होना चाहिए।

तथापि कार्लसन का संघर्ष खत्म नहीं हुआ। उन्हें ऐसी व्यावसायिक फर्म का पता लगाने में बीस वर्ष का समय और लग गया, जिसने उनकी प्रौद्योगिकी में रुचि दिखाई। वह आई.बी.एम., जी.ई. तथा आर.सी.ए. जैसी अनेक कंपनियों के पास गए; लेकिन सभी ने उन्हें जवाब दे दिया। वर्ष 1960 में हेलॉयड कंपनी आखिर में कार्लसन की योजना को बाजार में लाई। बाद में इस कंपनी ने अपना नाम 'जेरोक्स' रखा।

3. अर्ल डिक्सन

1920 के दशक से पूर्व न्यू ब्रंसविक, न्यू जर्सी में एक नव-विवाहिता श्रीमती जोसेफिन रहती थीं। उनके पति अर्ल डिक्सन जॉनसन ऐंड जॉनसन कंपनी में काम करते थे। यह कंपनी रुई के कारोबार से जुड़ी थी। प्रतिदिन जब अर्ल अपने काम से घर लौटते थे तो जोसेफिन हमेशा मेज पर उनका खाना तैयार रखती थी। दुर्भाग्यवश खाना तैयार करते समय जोसेफिन की अँगुलियाँ कई बार कट जाती थीं या जल जाती थीं। उनके पास कोई चिपकानेवाली पट्टी (बैंडेज) नहीं

थी, इसलिए जोसेफिन अपने जख्मों पर मरहम-पट्टी नहीं लगा पाती थी। अर्ल टेप के छोटे-छोटे टुकड़े काट लेते और उस पर सूती पट्टी या रुई का फाहा रखकर प्रत्येक जख्म के लिए पट्टी तैयार करते थे। ऐसा रोज ही होता था। जोसेफिन को अधिक पट्टियों की जरूरत पड़ती रहती थी।

रसोई में अनेक सप्ताहों तक दुर्घटनाएँ होने के बाद अर्ल के मन में अद्‌भुत खयाल आया। अर्ल बैठ गए और चिपकनेवाली स्ट्रिप पर सूती चौरस गेज रखकर पट्टियाँ तैयार कर लीं और उन्हें क्रिनोलाइन से ढक दिया।

अर्ल ने अपनी इस नई खोज की जानकारी अपने बॉस को दी और शीघ्र ही चिपकनेवाली पट्टियाँ तैयार की जाने लगीं तथा विश्वविख्यात बेंड-एड ट्रेडमार्क के अंतर्गत बेची जाने लगीं।

4. जॉन बॉयड डनलप

एशायर में ड्रेगॉर्न के एक किसान परिवार में जनमे जॉन बॉयड डनलप व्यवसाय से पशुओं के सर्जन थे। उन्होंने एडिनबर्ग यूनिवर्सिटी से शिक्षा प्राप्त की थी। उस समय उनकी आयु उन्नीस वर्ष थी। उन्होंने बेलफास्ट जाने से पहले एडिनबर्ग में लगभग दस वर्ष तक वेट के रूप में कार्य किया था।

उन्होंने आयरलैंड में लंबे समय तक प्रैक्टिस की। लेकिन खराब सड़कों तथा लोहे, लकड़ी या ठोस रबड़ के पहियों से यात्रा करना कष्टकारी होता था। उन्होंने अपने बेटे की ट्राइ साइकिल पर प्रयोग किया तथा सन् 1887 में फूली हुई रबड़ की ट्यूब पर आधारित एक डिजाइन तैयार किया। अगले वर्ष उन्होंने उसका पेटेंट भी करा लिया।

जॉन ने डनलप रबड़ कंपनी की स्थापना की, लेकिन उन्हें थॉमसन के साथ काफी लंबी कानूनी लड़ाई लड़नी पड़ी। पर उन्होंने उस मुकदमे को जीत भी लिया। जॉन डनलप ने अपनी इस खोज से ज्यादा मुनाफा नहीं कमाया—उन्होंने वह पेटेंट और अपनी कंपनी बेच दी।

थॉमसन के पूर्ववर्ती कार्य के बावजूद डनलप को आधुनिक रबड़ टायर की खोज का श्रेय जाता है।

5. रूथ हैंडलर

हैंडलर की रचना 'बार्बी' गुड़िया का नाम उनकी बेटी 'बारबरा' के नाम

पर रखा गया। सन् 1959 में यह गुड़िया बाजार में आई। यह अमेरिका की प्रतीक बन गई और सांस्कृतिक राजनीति की कसौटी। मूलतः नीली आँखोंवाली, ब्लॉण्डी बालोंवाली फैशन मॉडल को अनेक दशकों के दौरान विभिन्न रूपों में लाया गया तथा उसके अनेक कैरियर दरशाए गए हैं। यह रेंज अंतरिक्ष यात्री से लेकर पशु-चिकित्सक तक फैली है। 1 अरब से ज्यादा बार्बी गुड़ियाँ 150 देशों में बेची जा रही हैं।

''बार्बी के पीछे मेरी विचारधारा यही है कि इस गुड़िया के माध्यम से छोटी बच्ची अपने मन-मुताबिक कुछ कर सकती है।'' हैंडलर ने सन् 1994 में अपनी आत्मकथा में लिखा—''बार्बी हमेशा यह तथ्य उजागर करती है कि महिलाओं की भी अपनी रुचियाँ व विकल्प हैं। बार-बार मैंने महिलाओं से यही सुना है। हैंडलर ने सन् 1994 में दि एसोसिएटेड प्रेस को बताया कि ''मेरे लिए बार्बी के गुड़िया से ज्यादा मायने हैं। यह मेरे जीवन का हिस्सा है।''

बार्बी का उद्‌भव उस समय हुआ, जब आमतौर पर बच्चों की गुड़िया से ही खेला जाता था। हैंडलर ने यह देखने के बाद अधिक विकसित खिलौना तैयार करने का फैसला लिया कि उसकी बेटी किशोरियों तथा कैरियरवाली महिलाओं की कागज की बनी गुड़ियाँ के साथ खेलना पसंद करती है। सन् 1959 में न्यूयॉर्क शहर में अमेरिकन टॉय फेयर में बार्बी का श्रीगणेश किया गया। पहले ही वर्ष में 3 डॉलर प्रति गुड़िया के हिसाब से 3,51,000 गुड़ियाँ बिक गईं।

बार्बी मेटल के लिए भाग्यशाली साबित हुई। उसने उस गुड़िया के अन्य रूप ही नहीं बेचे, बल्कि इसके परिधान तथा अन्य सामान भी बेचे। बार्बी के दोस्त केन का उल्लेख करने की जरूरत नहीं है। केन हैंडलर के बेटे का नाम था। उसके बाद बार्बी की छोटी बहन स्किपर व मिज एवं क्रिस्टी नाम की गुड़ियाँ बाजार में आ गईं। बाद में हैंडलर के पोते-पोतियों, नाती-नातिनों के नाम पर गुड़ियाँ तैयार की गईं।

पोलैंड के आप्रवासी परिवार के दस बच्चों में से सबसे छोटी बच्ची रूथ मॉस्को के रूप में हैंडलर का जन्म हुआ था। यह परिवार डेनवर में आकर बस गया था। बाद में हैंडलर उन्नीस वर्ष की आयु में दक्षिणी कैलिफोर्निया चले गए। उन्होंने अपनी एक सहपाठी मित्र से शादी कर ली तथा औद्योगिक डिजाइन का कोर्स किया।

६. सोइशिरो होंडा

अन्य अधिकांश देशों के समान 1930 के दशक में आई आर्थिक मंदी ने जापान को भी हिला दिया था। सन् 1938 में सोइशिरो होंडा अभी स्कूल में ही था, जब उसने अपनी छोटी सी वर्कशॉप खोली। इसमें उसने पिस्टन रिंग की संकल्पना तैयार की। वह टॉयटा की योजना को बेचना चाहता था।

अपनी असफलता पर केंद्रित होने की बजाय उसने अपने लक्ष्य की ओर बढ़ना जारी रखा। तब संघर्ष के दो और वर्षों के बाद उसे टॉयटा का ठेका मिल गया। युद्ध के बाद गैसोलिन की अत्यधिक कमी के कारण लोग पैदल चलने या साइकिल चलाने के लिए मजबूर हो गए थे। होंडा ने एक छोटा सा इंजन तैयार करके साइकिल के साथ जोड़ दिया। उसके पड़ोसी भी ऐसा ही इंजन चाहते थे, लेकिन सामग्री की कमी के कारण वह माँग की आपूर्ति नहीं कर पा रहा था।

सोइशिरो होंडा अपने प्रयास छोड़ने के लिए तैयार नहीं था। उसने साइकिल के 18,000 दुकानदारों को पत्र लिखे तथा अपने प्रेरक पत्र में उसने उन लोगों से अनुरोध किया कि जापान के पुनर्निर्माण में वे उसे मदद दें। 5,000 दुकानदारों ने उसे जवाब दिया तथा उसकी पैसे से मदद करने के लिए आगे आए, ताकि वह इंजनवाली छोटी साइकिल तैयार कर सके। होंडा ने यूरोप और अमेरिका में साइकिल के इंजन का निर्यात करना शुरू कर दिया। किंतु इस कहानी का अंत यहीं नहीं हुआ। सन् 1970 के दशक में फिर गैस की कमी हो गई। इस बार अमेरिका और ऑटोमोटिव फैशन ने छोटी-छोटी कारों की ओर झुकाव दिखाया। होंडा ने शीघ्रता से इस नई प्रवृत्ति को स्वीकार कर लिया। अब छोटे इंजन डिजाइन में विशेषज्ञता प्राप्त इस कंपनी ने छोटी कारें बनानी शुरू कर दीं। इससे पहले इतनी छोटी कारें नहीं बनी थीं। इस प्रकार, होंडा सफलता की अगली सीढ़ी पर जा पहुँचा।

आज होंडा कॉरपोरेशन के अमेरिका तथा जापान में 1,00,000 से ज्यादा लोग काम कर रहे हैं। यह विश्व की सबसे बड़ी ऑटोमोबाइल कंपनियों में से एक है। होंडा ने सफलता हासिल की, क्योंकि एक व्यक्ति ने वास्तव में दृढ़ निर्णय लिया, उस पर अमल किया और निरंतर उसमें समायोजन करता रहा। यहाँ असफलता की कोई गुंजाइश थी ही नहीं।

7. एलिशा ग्रेव ओटिस

जब कभी आप किसी ऊँची इमारत में जाएँ तथा आराम से एक मंजिल से दूसरी मंजिल में एलीवेटर से जाएँ तो आप उस व्यक्ति का मन से आभार व्यक्त करें जिसका नाम एलिशा ग्रेव ओटिस है। ओटिस ने वर्मोंट के हैलिफेक्स में सन् 1811 में खेत पर काम करते हुए अपना जीवन आरंभ किया। वह अपने छह भाई-बहनों में सबसे छोटा था।

सन् 1852 में ओटिस न्यूयॉर्क के यॉन्कर्स शहर में चला गया, जहाँ वह मेज और बर्न्स के लिए काम करता था। उसके एक नियोक्ता जोसियाह मैज को ऊपरी मंजिल पर भारी उपकरण पहुँचाने के लिए लिफ्ट की जरूरत होती थी। इससे पहले अनेक वर्षों तक लिफ्ट और एलीवेटर का पहले से ही इस्तेमाल होता आ रहा था। लिफ्ट वहाँ पर थी, लेकिन ओटिस चाहता था कि लिफ्ट के साथ कार्य करते समय सुरक्षा की भी पूरी व्यवस्था हो और यहीं उसने अपनी रचनात्मक प्रतिभा दिखाई।

इसी वर्ष ओटिस ने विश्व के पहले सुरक्षित एलीवेटर की खोज का दावा किया तथा उसे ख्याति मिली। उसका पहला सुरक्षित कैच सरल स्टीज स्प्रिंगवाला रैचट था। यह स्प्रिंग इस प्रकार से तैयार किया गया कि यदि लिफ्ट या एलीवेटर का केबल टूट जाए या कोई अन्य खराबी आ जाए तो एलीवेटर थमा रहे।

8. अनु आगा

जब अनु आगा को सन् 1996 में प्रमुख इंजीनियरिंग फर्म का अध्यक्ष बनाया गया, तब उनके सामने चुनौती तथा उत्साह—दोनों बातें थीं। उन्हें अपने पति श्री रोहिंटन आगा का अनुसरण करना था, जिन्होंने '80 के दशक में थर्मेक्स नामक छोटी सी बॉयलर कंपनी की स्थापना की थी तथा उसे ऊर्जा और पर्यावरण—दोनों क्षेत्रों में इंजीनियरिंग समाधानों में अग्रणी बनाया। अनु आगा ने इस परीक्षा की घड़ी में इस कंपनी की बागडोर सँभाली, जब आर्थिक मंदी का दौर शुरू होने जा रहा था। इसका अर्थ हुआ कि विद्यमान सारगर्भित या कोर से परे कारोबार करना एवं कर्मचारियों की छँटनी जैसे निर्णय लेने होंगे तथा ऐसे नए कार्य करने होंगे जिनसे मुनाफा मिलना शुरू हो।

यद्यपि यह महिला उच्च-मध्य वर्गीय परिवार में पली थी, लेकिन इसका परिवार ऐसे क्षेत्र में रहता था, जहाँ लोग समृद्ध या धनी नहीं थे। एक बार अनु

के पिता ने यह संदेश भेजा कि पुस्तकें खरीदने तथा सैर-सपाटे जैसे अन्य कार्यों के लिए उनके पास काफी पैसा है, लेकिन जेवर या उच्च जीवन-स्तर के लिए नहीं। उसे यह भय था कि कहीं उसके जीवन-स्तर में गिरावट न आ जाए। इसलिए उसको मकान व बैंक बैलेंस की जरूरत महसूस हुई, ताकि उसे सुरक्षा मिल सके।

किंतु अब उन्होंने महसूस किया कि केवल पैसा होने से ही व्यक्ति सुरक्षित नहीं हो जाता। अब वह अपनी आमदनी का कुछ प्रतिशत सामाजिक कार्यों पर भी खर्च करती हैं, जिसमें उनके पति और बेटे को विश्वास था। इसके अलावा उन्होंने यह अन्य विचार हृदयंगम किया कि व्यक्ति अपने पास रखी दौलत का मात्र न्यासी है। उन्होंने शेयरों में निवेश किया, हालाँकि उन्हें बताया जाता था कि अपनी संपत्ति को सँभालकर रखना चाहिए। उन्होंने कुछ जमीन खरीदी—आर्थिक लाभ के लिए नहीं बल्कि वह उसकी लोकेशन पसंद करती थीं। वह पुस्तकें खरीदने लगीं, भ्रमण करने लगीं और अपने परिवार तथा मित्रों के साथ समय बिताने लगीं। उनके लिए हमेशा समय की कमी रहती थी; वह चाहती थीं कि काश, उनके पास और अधिक समय होता!

आगा के पास तीन मूल्यवान् गुण थे, जो उनके संगठन का मूलाधार थे— अनौपचारिकता, पदानुक्रम का अभाव तथा कार्य के प्रति निष्ठा। उनमें कार्य करने की धुन थी। उन्होंने कंपनी के ऐसे क्षेत्र की पहचान की जिसमें सुधार लाने की जरूरत थी। अर्थात् कर्मचारियों को सीखने के अधिक अवसर उपलब्ध कराए जाएँ। ये अवसर केवल कार्य से ही नहीं जुड़े थे। इसका एक हिस्सा यह सुनिश्चित करना था कि पर्यवेक्षी प्रबंधकों को ऐसे प्रशिक्षण पर जाने के लिए स्टाफ को इजाजत देनी चाहिए।

थर्मेक्स के अध्यक्ष के रूप में अपने अंतिम कार्यकाल के दौरान अनु आगा की एक सूत्रीय कार्य-सूची थी—कंपनी को विश्व का सर्वोत्तम कार्य-स्थल बनाना।

९. धीरूभाई अंबानी

भारत के सुविख्यात व प्रतिष्ठित उद्यमी श्री धीरूभाई अंबानी का जन्म 28 दिसंबर, 1932 को गुजरात के चोरवाड नामक स्थान में हुआ था। उन्होंने इतना विशाल कारोबार स्थापित किया, जिसे 'फोर्ब्स' 500 में स्थान मिला। धीरूभाई

अंबानी को जहाँ व्यापार की गहन समझ थी, वहीं उनमें भारतीय राजनीति की भूलभुलैया में से अपना रास्ता निकालने का प्रखर सामर्थ्य भी था। इन्हीं गुणों के कारण अंबानी ने अकेले मात्र तीन दशकों में ही इतना विशाल कारोबार स्थापित कर लिया कि टाटा और बिरला जैसे कॉरपोरेट हाउस भी पीछे रह गए, जिनका लगभग आधी सदी तक देश के औद्योगिक परिदृश्य पर एकच्छत्र साम्राज्य था।

गुजरात के सुदूर छोटे से गाँव के एक छोटे से दुकानदार का बेटा धीरज लाल हीराचंद अंबानी—आगे चलकर धीरूभाई अंबानी के नाम से प्रसिद्ध—अपना भाग्य आजमाने के लिए किशोरावस्था में ही एडेन आ गया। शैल उत्पादों की एकमात्र वितरक तेल कंपनी में क्लर्क की नौकरी करने से पहले धीरूभाई ने पेट्रोल स्टेशन पर परिचर (अटेंडेंट) के रूप में अपना कैरियर आरंभ किया। एडेन गुजरात के अनेक प्रवासी लोगों का घर है। वहाँ पर धीरूभाई ने रॉयल एंड स्टर्लिंग एक्सचेंज रेट तथा एडेन के ढले सिक्कों में चाँदी के अंश के आंतरिक मूल्य के बीच विद्यमान अंतर को महसूस किया। इस अंतर ने उन्हें धन कमाने के उत्कृष्ट अवसर प्रदान किए। सन् 1958 में बंबई लौटने पर अंबानी ने सीधा-सादा व्यापार उद्यम स्थापित किया।

अंबानी ने तेजी से हिसाब लगाया कि पूँजी के सस्ते स्रोत तक पहुँच पर ही इस उद्यम का विस्तार निर्भर करता है।

भारतीय मध्य वर्गीय वेतनभोगियों के साथ अंबानी ने स्टॉक मार्केट के माध्यम से तत्काल समृद्धि लाने का वायदा किया। लेकिन वह ऐसा रातोरात नहीं कर सकते थे। रिलायंस शेयर का अच्छा-खासा मूल्य था और जिन भाग्यशाली लोगों ने इस कंपनी में विश्वास रखा, वे करोड़पति बन गए।

उन्होंने अपनी सफलता की कहानी को तीन वाक्यों में सारबद्ध किया—'ऊँचा सोचो, तेजी से सोचो तथा आगे की सोचो।' अंबानी ने जीवन भर अपने पिता की इस सीख का अनुकरण किया। जब छोटी उम्र में अंबानी मंदिर के बाहर तीर्थयात्रियों को गरमागरम स्नैक्स बेचते थे, तब भी वे बड़े-बड़े सपने देखते थे।

अखबार आदि में कुछ भी छपने पर धीरूभाई धैर्य नहीं खोते थे। वे मौन रहते थे। विरले ही उन्होंने कभी मीडिया की कटु आलोचना पर प्रतिक्रिया की थी। गुजरात के व्यावसायिक समुदाय के लिए धीरूभाई देवता के समान थे। सभी महत्त्वाकांक्षी छोटे-छोटे उद्यमियों के लिए वह प्रेरणा का स्रोत बन गए।

उनहत्तर वर्ष की आयु में 6 जुलाई, 2002 को बंबई में उनका निधन हो गया। उनके परिवार में पत्नी, दो पुत्र तथा दो पुत्रियाँ हैं। अमेरिका से शिक्षा प्राप्त दो पुत्र उनके विशाल कारोबार को सँभाल रहे हैं।

10. मीरा बोरवानकर

प्राय: ऐसा समझा जाता है कि महिला अपने चारों ओर बनी काँच की छत को नहीं तोड़ सकती, अपने बंधनों से मुक्त नहीं हो सकती। किंतु मीरा बोरवानकर ने बंबई पुलिस की क्राइम ब्रांच का कार्यभार सँभालकर नया इतिहास रचा। वह पहली महिला हैं जो इस विभाग की अध्यक्षा बनीं, जिसका अन्य अपराधों के साथ-साथ विश्व के सर्वाधिक संगठित माफिया तंत्र से वास्ता पड़ता है।

उनकी नियुक्ति का यह अर्थ नहीं होगा कि दाऊद इब्राहीम और छोटा राजन राहत की साँस ले सकते हैं। बोरवानकर महाराष्ट्र के सर्वाधिक कठोर अधिकारियों में से हैं। सन् 1981 बैच की भारतीय पुलिस सेवा अधिकारी छियालीस वर्षीया इस महिला ने 1987-91 के दौरान मुंबई पुलिस की उपायुक्त के रूप में सेवा की। सन् 1991-93 के दौरान वह औरंगाबाद में जिला पुलिस अधीक्षक थीं। सन् 1996-99 के दौरान भी वे सतारा में इस पद पर आसीन रहीं। 1993-95 के दौरान राज्य अपराध अन्वेषण विभाग में उन्होंने महत्त्वपूर्ण जलगाँव सेक्स स्कैंडल मामले की जाँच की। उन्हें पुलिस मैडल तथा महानिदेशक के प्रतीक चिह्न से सम्मानित किया गया। उस समय वह सी.बी.आई. में थीं। उनकी अंतिम तैनाती यशवंत राव चव्हाण प्रशासन विकास अकादमी (YASHADA) में उप-निदेशक के रूप में की गई। पुणे में यह संस्थान प्रशासनिक प्रशिक्षण अकादमी है।

पंजाबी परिवार में जनमी मीरा ने अभय बोरवानकर से विवाह किया था, जिन्होंने भारतीय प्रशासनिक सेवा को छोड़कर फूड प्रोसेसिंग का कारोबार शुरू कर लिया था।

11. तरला दलाल

दो दशकों से अधिक समय से तरला दलाल की पाककला विषयक पुस्तकें सर्वाधिक बिकती आ रही हैं। उन्होंने कुल 30 पुस्तकें लिखी हैं। इनमें से अनेक पुस्तकें हिंदी, गुजराती, मराठी, बँगला तथा डच और रूसी जैसी अनेक भाषाओं में भी अनूदित हो चुकी हैं। उनकी पुस्तकों की 10 लाख से अधिक प्रतियाँ बिक

चुकी हैं। उनकी पहली पुस्तक 'प्लेजर ऑफ वेजीटेरियन कुकिंग' है। यह सन् 1974 में प्रकाशित हुई थी। भारतीय गृहिणियों ने इस पुस्तक को हाथोहाथ लिया। यह पुस्तक पाककला के क्षेत्र में क्लासिक मानी जाती है। अब तक इसकी लाखों प्रतियाँ बिक चुकी हैं। यह अपने आप में एक रिकॉर्ड है।

पाक विषयक पुस्तकें लिखने के अलावा तरला tarladalal.com में वेबसाइट पर दिखाई देती हैं। यह इंटरनेट पर भारतीय पाककला की सबसे अधिक प्रचलित वेबसाइट है।

सोनी एंटरटेनमेंट टेलीविजन पर सप्ताह में दो बार तरला दलाल का 'कुक इट अप विद तरला दलाल' शो आता है। यह कार्यक्रम भी काफी लोकप्रिय है। यह शो लगभग चालीस अलग-अलग देशों में प्रसारित किया जाता है।

पुणे में जनमी सुश्री दलाल श्री एन.सी. दलाल के साथ विवाह के पश्चात् मुंबई आ गईं। जब उन्हें पता चला कि उनके पति खाने-पीने के शौकीन हैं तो उन्होंने रसोईघर में नए-नए प्रयोग करने शुरू कर दिए। उनके पति भी उन्हें प्रोत्साहित करते रहते थे कि वह घर में तरह-तरह के व्यंजन बनाएँ। उन्होंने पाककला की विभिन्न पुस्तकों में व्यंजन विधियाँ पढ़कर प्रयोग किए तथा अपने परिवार की रुचि या स्वाद के अनुसार उन्हें बदलती रहती थीं। सन् 1966 में परिवार तथा मित्रों के द्वारा प्रोत्साहित होने पर उन्होंने छह विद्यार्थियों को अपने घर में पाककला के बुनियादी सिद्धांत सिखाने शुरू कर दिए। यह उनके पाककला कैरियर की शुरुआत थी। बहुत जल्दी उनकी कक्षाओं में पढ़ने के लिए अनेक छात्रों का ताँता लग गया। इस अवधि के दौरान उन्होंने अपनी व्यंजन विधियों का संकलन करना शुरू कर दिया तथा भारतीय स्वाद के अनुकूल अन्य व्यंजनों से विधियों में संशोधन भी किया। 'द खलीज टाइम्स', दुबई ने लिखा है—"इन्होंने भारत में खान-पान की आदतों को सुव्यवस्थित कर दिया है।" श्रीमती दलाल अभी भी भारत और विदेश में पाककला के अनेक 'शो' करती रहती हैं।

12. सुनील मित्तल

पैंतालीस वर्षीय श्री सुनील मित्तल ने साइकिल के पुरजे बेचकर अपने कैरियर की शुरुआत की। बहुत समय नहीं हुआ, उनका नाम NASDAQ की सूची में आ गया तथा शीघ्र ही वह इस कारोबार के रिंग मास्टर बन गए। लुधियाना से आए इस लड़के के पास मात्र बी.ए. की डिग्री थीं। लेकिन 'गति' उनकी

सफलता की कुंजी है। चार वर्ष पहले वह भारतीय दूरसंचार बाजार के छोटे से खिलाड़ी थे। बाद में वह दिल्ली और हिमाचल प्रदेश में सेल्यूलर फ्रैंचाइज के मालिक बन गए। उनके ग्राहकों की कुल संख्या 1 लाख 16 हजार है। उनकी 'भारती टेली वेंचर्स' इस उपमहाद्वीप की सबसे बड़ी मोबाइल फोन कंपनी है, उसके ग्राहकों की संख्या 25 लाख से अधिक है। हाल ही में उन्होंने एक वर्ष से भी कम अवधि में अपने नेटवर्क के आकार से चार गुना ज्यादा—बिलियन डॉलर तक विस्तार किया। पहले साइकिल के पुरजे बनानेवाले इस व्यवसायी ने राष्ट्रीय स्तर पर सबसे ज्यादा बाजार उपलब्धि हासिल की।

भारती टेली वेंचर के विस्तार के मसले पर सुनील मित्तल बात करना चाहते हैं। बीच-बीच में प्रबंधन की विशिष्ट शैली का इस्तेमाल करते हैं। वे कॉलेज में औसत छात्र थे। उनका कहना है, "बाजार में गति के कारण ही हमने विरोधी कैंप में व्यवस्थित ढंग से हलचल मचा दी। हमारे कारोबार के विस्तार (डी.एन.ए.) का दूसरा भाग यह है कि हमने हर क्षेत्र में स्पर्धा में कम-से-कम 1 प्रतिशत आगे बढ़ने का वायदा किया, चाहे प्रौद्योगिकी हो या ग्राहकों की संतुष्टि। इस प्रकार, हमारा रिलायंस और टाटा—दोनों के बीच विस्तार हुआ है।"

उन्होंने अंबानी या टाटा का नाम लेने से मना कर दिया, लेकिन हम यह समझ सकते हैं कि वे रिलायंस की गति तथा आकांक्षा और टाटा की कार्य-शैली से प्रभावित थे। "मैं जैक वैल्श तथा उसकी बलात् रैंकिंगवाली इस संकल्पना से सहमत नहीं हो सकता कि प्रत्येक वर्ष 10 प्रतिशत कर्मचारियों को हटा दिया जाए। हम लक्ष्य के प्रति कटिबद्ध हैं, न कि कारोबार के प्रति। हम परिणामों के प्रबंधन की दिशा में काफी कमजोर हैं। हम ऐसे लोगों को दंडित नहीं करते, जिनका कार्य-निष्पादन संतोषजनक नहीं है।" सुनील मित्तल कहते हैं।

तथापि, भारती ग्रुप के चेयरमैन तथा प्रबंध निदेशक के अनुसार, लक्ष्य प्राप्त करने के लिए वह कुछ भी करेंगे। जब भारती टेली वेंचर्स विद्यमान छह सर्कलों के अलावा नौ और नए सर्कल खोल रही थी, उस समय ग्राहक सेवा की गुणवत्ता का पूरा-पूरा ध्यान रखा गया। मित्तल के आलोचकों को पता चल गया था कि यह टाइगर जितना चबा सकता है, उससे ज्यादा खा चुका है। लेकिन सुनील कहते हैं कि यह सब ध्यानपूर्वक तय की गई कार्यनीति का ही एक अंग है।

हाल ही में सुनील मित्तल का नाम दिल्ली के सर्वाधिक धनी लोगों की सूची में शीर्ष पर आ गया है। भारती टेली वेंचर (भारतीय बाजार के पूँजीकरण में छठा

स्थान) में इनके 2 अरब डॉलर से अधिक शेयर हैं। गत्यात्मक कल्पना-शक्ति तथा विशाल कॉरपोरेट स्थापित करके उनका नाम उस समय सुर्खियों में आ गया, जब भारती का नाम NASDAQ की सूची में शामिल किया गया। यह इस प्रकार की पहली कंपनी बन गई।

13. करसनभाई के. पटेल

निरमा के करसनभाई के. पटेल अपने क्षेत्र के धुरंधर एवं असाधारण व्यक्तित्व के धनी व्यक्ति हैं। विश्व में व्यवसाय संबंधी पत्रिकाओं में अलग-अलग समय पर इनके बारे में लेख लिखे गए। ये बाजार विशेषज्ञ, सम्मोहक व्यक्तित्व वाले, मानवतावादी और उत्कृष्ट उद्यमी हैं।

करसनभाई के. पटेल ऐसी सम्मोहन शक्ति के आधार थे, जिन्होंने निरमा का सूत्रपात किया। निरमा व्यवसाय की कहानी सबसे निचले स्तर से शुरू होकर कॉरपोरेट विश्व की ऊँचाइयों तक फैल गई। मेहसाणा के एक किसान के इस बेटे ने बाजार व्यवस्था के कायदे-कानून दोबारा लिखे। '60 के दशक के अंत में गुजरात सरकार के भू-विज्ञान और खनन विभाग के प्रयोगशाला सहायक पच्चीस वर्षीय युवक करसनभाई के.पटेल ने लघु उद्योग शुरू किया, जिसने विद्यमान मूल्य के एक-तिहाई दाम पर उत्पाद से किसी प्रकार का समझौता किए बिना देशज प्रौद्योगिकी का इस्तेमाल करते हुए गुणवत्तावाला डिटर्जेंट पाउडर बाजार में लॉञ्च किया। शेष कहानी या इतिहास सबके सामने है। उन्होंने अपनी पुत्री निरुपमा के नाम पर इस उत्पाद का नाम रखा। इस उत्पाद ने आकाश की ऊँचाइयों को छू लिया। निरमा प्रौद्योगिकी संस्थान (एन.आई.टी.) स्व-वित्त प्राप्त तकनीकी संस्थान है, जहाँ इंजीनियरिंग में स्नातक और स्नातकोत्तर पाठ्यक्रम पढ़ाए जाते हैं।

निरमा शिक्षा और अनुसंधान फाउंडेशन (एन.ई.आर.एफ.) की छत्रच्छाया में डॉ. करसनभाई के. पटेल ने सन् 1995 में एन.आई.टी. की स्थापना की थी। इस संस्थान को अखिल भारतीय तकनीकी शिक्षा परिषद् की मान्यता प्राप्त है और यह गुजरात विश्वविद्यालय, अहमदाबाद से संबद्ध है।

एन.आई.टी. अहमदाबाद से 15 कि.मी. दूर स्थित है। यह 100 एकड़ भूमि में फैला है, जिसमें निरमा डिप्लोमा अध्ययन संस्थान भी है।

14. सुशील कुमार शिंदे

महाराष्ट्र के पहले दलित मुख्यमंत्री श्री सुशील कुमार शिंदे का जन्म सन् 1941 में शोलापुर में अनुसूचित जाति के एक समुदाय में हुआ था। इस दलित अधीन भारतीय राजनीति में ऐसे बहुत कम लोग हैं, जो 'दलित' वर्ग में होने के बावजूद अपना विशिष्ट स्थान बनाते हैं। अत्यंत गरीब परिवार में जनमे श्री शिंदे ने रात्रि स्कूल में पढ़ाई की थी।

उन्होंने स्नातक तक शिक्षा पूरी करने के बाद शिवाजी विश्वविद्यालय, शोलापुर से विधि स्नातक की उपाधि हासिल की। प्रारंभ में उन्होंने वाडिया अस्पताल, शोलापुर में वार्ड ब्वॉय के रूप में काम किया था। इसके बाद सेशन कोर्ट में चपरासी के रूप में नौकरी की। आगे चलकर वह राज्य के सी.आई.डी. में उप- निरीक्षक बने। असंतुष्ट होने के कारण उन्होंने पुलिस की नौकरी छोड़ दी तथा सन् 1971 में शरद पवार के कहने पर राजनीति में प्रवेश किया। सन् 1974 में उन्होंने शोलापुर के करमला से विधानसभा का उपचुनाव जीता। 1980-89 के दौरान महाराष्ट्र के वित्तमंत्री के रूप में कार्य करने के बाद 1992 में राज्यसभा के सदस्य बन गए। राज्यसभा में कार्यकाल समाप्त होने पर उन्होंने 1998 और 1999 में लोकसभा के चुनाव जीते। लोकसभा के चुनावों में उनकी विजय के बारे में विशेष बात यह थी कि अनुसूचित जाति के समुदाय से संबंधित होने पर भी उन्होंने आरक्षित निर्वाचन क्षेत्र से चुनाव नहीं लड़ा। उन्होंने सन् 2002 में श्री भैरोंसिंह शेखावत के विरुद्ध उपराष्ट्रपति का चुनाव लड़ा, जबकि वह भली-भाँति जानते थे कि वे चुनाव में हार सकते हैं। उनका यह त्याग व्यर्थ नहीं गया। जब कांग्रेस ने महाराष्ट्र में अपना नेतृत्व बदलने का फैसला किया तब श्री शिंदे का नाम सबसे आगे था। जनवरी 2003 में उन्होंने महाराष्ट्र के मुख्यमंत्री के रूप में शपथ ली। श्री शिंदे सुधी पाठक होने के साथ-साथ कला, संगीत और नाटक के क्षेत्र भी रुचि रखते हैं। वह एक कुशल वक्ता तथा श्रेष्ठ प्रशासक हैं। □

भाग-7

भूसे के ढेर में छिपे कुशल प्रबंधन के हीरे

1. आप भी बहुत कुछ कर सकते हैं

यह प्राइमरी स्कूल की अध्यापिका श्रीमती थॉमसन की कहानी है। पहले ही दिन वह पाँचवीं कक्षा के छात्र-छात्राओं के सामने खड़ी थीं और उन्होंने उन बच्चों के साथ झूठ बोला था। अधिकांश शिक्षकों के समान उन्होंने सभी विद्यार्थियों को देखा और कहा कि मैं आप सभी को एक जैसा प्यार करती हूँ। लेकिन ऐसा नामुमकिन था, क्योंकि सबसे पहली पंक्ति में टैडी स्टोडार्ड नाम का एक छोटा सा सुस्त बच्चा बैठा था।

श्रीमती थॉमसन ने एक साल पहले टैडी को देखा था और उन्होंने भाँप लिया था कि यह बच्चा अन्य बच्चों के साथ खेलता नहीं है तथा इसके कपड़े भी मैले हैं। ऐसा लगता था कि वह लंबे समय से नहाया नहीं है। टैडी नाखुश था।

श्रीमती थॉमसन वास्तव में लाल पेन से उसके पेपर पर बड़ा सा X चिह्न लगाकर पेपर के टॉप पर एफ (F) लिख देती थीं। स्कूल में जहाँ श्रीमती थॉमसन पढ़ाती थीं, उनके लिए जरूरी था कि वह हर बच्चे के पिछले रिकॉर्ड की समीक्षा करें, लेकिन वह अंत तक टैडी के बारे में रुचि नहीं लेती थीं।

एक दिन जब उन्होंने टैडी की फाइलों को देखा तो वह हैरान रह गईं। टैडी की पहली कक्षाध्यापिका ने लिखा था—'टैडी होशियार एवं हँसमुख बच्चा है। यह साफ-सुथरे ढंग से कार्य करता है और इसका आचरण बहुत अच्छा है। इसके चारों ओर खुशनुमा माहौल रहता है।'

उसकी दूसरी कक्षा की अध्यापिका ने लिखा—'टैडी एक उत्कृष्ट छात्र है। इसकी क्लास के बच्चे इसे पसंद करते हैं। लेकिन यह परेशान रहता है, क्योंकि इसकी माँ को गंभीर बीमारी है और वह घर पर तकलीफदेह जिंदगी बिता रहा है।'

तीसरी कक्षा की अध्यापिका ने लिखा—'टैडी की माँ की मृत्यु हो चुकी है। यह अपनी ओर से अथक प्रयास कर रहा है, लेकिन इसके पिता इसमें ज्यादा रुचि नहीं लेते। यदि कुछ किया नहीं गया तो इसके पारिवारिक जीवन का इस पर, इसकी पढ़ाई पर बुरा असर पड़ेगा।'

टैडी की चौथी कक्षा की अध्यापिका ने लिखा—'टैडी सबसे कट गया है। इसकी स्कूल में दिलचस्पी नहीं रही। इसके मित्र भी अधिक नहीं हैं और कभी-कभी यह कक्षा में सो जाता है।'

अब श्रीमती थॉमसन ने इस समस्या को महसूस किया एवं समझा। उन्हें स्वयं पर ग्लानि महसूस हुई। उन्हें उस समय और भी अधिक बुरा लगा, जब

क्रिसमस पर उनके विद्यार्थी सलीके से खूबसूरत पेपर में लिपटे उपहार लाए। उपहारों पर सुंदर रिबन बँधे थे, लेकिन टैडी का उपहार अलग था। उसका उपहार भद्दे, भारी खाकी कागज में लिपटा था। वह कागज किसी लिफाफे से तैयार किया गया था।

श्रीमती थॉमसन ने सभी उपहारों के साथ उस उपहार को भी खोला। कुछ बच्चों ने उस समय हँसना शुरू कर दिया, जब उन्होंने नकली हीरों का कंगन (ब्रेसलैट) देखा। उसमें से कुछ हीरे गायब थे। साथ में इत्र की एक-चौथाई भरी हुई शीशी थी। लेकिन थॉमसन ने बच्चों की हँसी को दबा दिया तथा विस्मित होकर कहा कि यह कितना प्यारा एवं सुंदर कंगन है। ऐसा कहते हुए उसने कंगन हाथ में पहन लिया और थोड़ा सा इत्र अपनी कलाई पर छिड़का। उस दिन सिर्फ यह कहने के लिए टैडी स्टोडर्ड स्कूल के बाद तक भी रुका कि "श्रीमती थॉमसन, आज आपसे मेरी माँ जैसी खुशबू आ रही है।"

बच्चों के जाने के बाद वह कम-से-कम एक घंटा रोती रहीं। उसी दिन से उन्होंने स्कूल में पढ़ाना छोड़ दिया। इसकी बजाय वह स्कूल से बाहर बच्चों को पढ़ाने लगीं। श्रीमती थॉमसन टैडी पर विशेष ध्यान देने लगीं।

जैसे-जैसे वह टैडी को पढ़ाती गईं, उसका खयाल रखती गईं, बच्चे के मन-मस्तिष्क में स्फूर्ति आने लगी। जैसे-जैसे वह उसका हौसला बढ़ातीं, वह और तेजी से सवालों का जवाब देने लगा। वर्ष के अंत तक टैडी कक्षा के मेधावी छात्रों की श्रेणी में आ गया; हालाँकि उसने यह झूठ बोला था कि वह सब बच्चों के साथ एक जैसा प्यार करती है; परंतु आज टैडी 'अध्यापिका का लाड़ला' बच्चा बन गया। एक वर्ष के बाद उसने अपने दरवाजे के नीचे एक नोट देखा। टैडी ने उसमें लिखा था कि वह अभी तक उसकी सर्वश्रेष्ठ अध्यापिका हैं।

इस तरह छह वर्ष बीत गए। एक दिन उसे टैडी का एक पत्र मिला, जिसमें लिखा था कि उसने दसवीं कक्षा पास कर ली है तथा वह अपनी कक्षा में तीसरी श्रेणी से पास हुआ है, लेकिन वह अभी भी उसकी सर्वश्रेष्ठ अध्यापिका हैं।

इसके चार वर्ष बाद फिर उसे अन्य पत्र मिला। उसने लिखा था कि हालाँकि स्थिति बहुत खराब रही है, पर मैंने स्कूल में पढ़ाई जारी रखी तथा अच्छे नंबर और श्रेणी के बाद कॉलेज से स्नातक की परीक्षा पास कर ली है। उसने श्रीमती थॉमसन को विश्वास दिलाया कि वह आज भी उसकी सर्वश्रेष्ठ और प्रिय अध्यापिका हैं।

पुनः चार वर्ष बीत जाने पर टैडी का एक पत्र आया, जिसमें उसने लिखा था कि स्नातक की डिग्री के बाद उसने कुछ और करने का फैसला लिया है। उस पत्र में फिर कहा गया कि वह उसकी सर्वश्रेष्ठ और प्रिय अध्यापिका हैं। लेकिन वह पत्र थोड़ा अलग-सा था। उसका नाम थोड़ा लंबा था। उसने इस प्रकार से हस्ताक्षर किए—थियोडोर एफ. स्टोडर्ड, एम.डी.।

इस कहानी का यहीं अंत नहीं हुआ। आगे फिर एक और पत्र आया। टैडी ने लिखा था कि उसे एक लड़की पसंद आ गई है और वह उससे विवाह करने जा रहा है।

उसने लिखा कि कुछ साल पहले उसके पिता की मृत्यु हो चुकी है तथा वह चाहता है कि श्रीमती थॉमसन उसकी शादी में दूल्हे की माँ का स्थान लें। श्रीमती थॉमसन ने उसकी बात मान ली।

श्रीमती थॉमसन ने उस दिन वही कंगन पहना, जिसके हीरे गायब थे; वही इत्र लगाया, जो उसकी माँ ने अंतिम क्रिसमस के त्योहार पर लगाया था।

दोनों ने एक-दूसरे को गले लगाया। डॉ. स्टोडर्ड श्रीमती थॉमसन के कान में फुसफुसाए, ''धन्यवाद, श्रीमती थॉमसन। आपने मुझ पर इतना भरोसा किया। आपने मुझे यह एहसास दिलाया कि मैंने खुद को खास समझा। आपने मुझे ऐसी राह दिखाई कि मैं भी सही-गलत में अंतर कर पा रहा हूँ।''

श्रीमती थॉमसन की आँखों में आँसू थे। वह फुसफुसाईं, ''टैडी, तुम गलत कह रहे हो। वास्तव में तुमने मुझे सिखाया कि अंतर कैसे किया जाता है, कैसे पहचाना जा सकता है। जब तक तुम नहीं मिले थे, मुझे सही मायनों में पढ़ाना नहीं आता था।''

2. मैं अपनी माँ को प्यार क्यों करती हूँ?

''मम्मी, देखो!'' आदर्श की बेटी सरला चिल्लाई। उसने हवा में मँडराते 'चिकन हॉक' की ओर अँगुली उठाई। आदर्श बुदबुदाई—''ओफ्फोह!'' वह गाड़ी चला रही थी तथा दिन के व्यस्त कार्यक्रमों आदि की सोच में संलग्न थी। सरला के चेहरे से निराशा झलक रही थी।

''क्या बात है मेरी बच्ची?'' आदर्श ने पूछा।

''कुछ नहीं।'' उसकी सात वर्षीया बेटी ने जवाब दिया।

घर के पास उन्होंने गाड़ी की गति धीमी कर दी, ताकि एल्बिनो हिरण को

देखा जा सके। ये हिरण शाम के समय घने पेड़ों के पीछे से बाहर आ रहे थे। सरला कहीं नहीं थी। आदर्श रात्रि भोजन, नहाने तथा फोन कॉल सुनने में घंटों व्यस्त रही। जब तक वह सोने के लिए नहीं गई तब तक कामों में जुटी रही।

सोते वक्त उसने बेटी को आवाज लगाई—"सरला, आओ बेटे, सोने का समय हो गया है!"

सरला भागकर सीढ़ियों से चढ़ते हुए माँ के पास आ गई। थकी-माँदी आदर्श ने बेटी के गाल को चूमा, प्रार्थना की और उसे कमरे में ले गई।

"माँ, मैं आपको कुछ देना भूल गई।" सरला ने कहा। आदर्श के पास इतना धैर्य नहीं था कि वह उस बच्ची का इंतजार कर सके।

"कल सुबह देना।" आदर्श ने कहा—लेकिन सरला कुछ देर तक रुकने के लिए आग्रह कर रही थी।

"आपके पास सुबह समय नहीं होगा।" उसने शिकायत भरे लहजे में कहा।

"नहीं बेटे, मैं समय निकाल लूँगी।" आदर्श ने जवाब दिया।

कभी-कभी लाख कोशिशों के बावजूद रेत की तरह समय उसके हाथ से निकल जाता था। वह अपनी बच्ची, अपने पति तथा स्वयं के लिए समुचित समय नहीं निकाल पाती थी।

सरला उसे छोड़ने के लिए तैयार नहीं थी। उसने गुस्से में अपनी छोटी सी नाक फुला ली और अपने भूरे बालों को लगभग खींचते हुए कहा, "नहीं, आप ऐसा नहीं करेंगी! कल भी आज जैसा होगा। मैंने आपको बाज दिखाना चाहा, आपने मेरी बात ही नहीं सुनी!"

आदर्श कोई बहस नहीं करना चाहती थी। सरला ने सच बोला था।

"गुड नाइट!" आदर्श ने कहा और दरवाजा बंद कर लिया। देर रात को उसकी बेटी का उदास एवं निराशा से भरा चेहरा उसकी आँखों के सामने घूम गया। वह बच्ची टकटकी लगाकर उसे देख रही थी। सच में उनके पास इस बच्ची के लिए कितना समय है, जबकि वह बड़ी होकर अपने घर चली जाएगी।

आदर्श के पति ने कहा, "तुम इतनी उदास क्यों हो?"

आदर्श ने दिन की पूरी कहानी सुना दी।

"हो सकता है, वह अभी न सोई हो। तुम जाकर देख क्यों नहीं लेतीं?" उन्होंने कहा।

आदर्श ने पति की सलाह मान ली। सोच रही थी कि काश, वह पहले ऐसा सोचती! उसने दरवाजा खोला। खिड़की से आती रोशनी सोती हुई बच्ची के मुख पर पड़ रही थी। उसकी मुट्ठी में एक मुड़ा-तुड़ा कागज था।

आदर्श ने धीरे से बच्ची की मुट्ठी खोली। उसकी आँखों में आँसू आ गए। उसने अपनी माँ के लिए कविता लिखी थी—'मैं अपनी माँ को प्यार क्यों करती हूँ?' उसने उस कागज को फाड़ दिया था।

आदर्श ने बड़े जतन से कागज के फटे टुकड़ों को इकट्ठा किया। अब सभी टुकड़े यथास्थान लगा दिए। उसे नन्ही बेटी की कविता नजर आने लगी।

मैं अपनी माँ से प्यार क्यों करती हूँ
हमेशा काम में जुटी, हमेशा करती कितना काम,
तुम खेलती मेरे संग, मेरी प्यारी माँ,
फिर भी मैं हूँ तुम्हारे काम का खास अंश।

ये शब्द उसके हृदय में तीर के समान चुभ गए। सात वर्ष की उम्र में उसकी बेटी के पास इतनी समझ थी। दस मिनट बाद आदर्श ट्रे लिये कमरे में आई। उसमें दो कप गरम चॉकलेट थी, साथ में मार्श मैली (मिठाई), मूँगफली, मक्खन और जेली सैंडविच थे।

जब आदर्श ने हलके से अपनी बेटी के गाल को छुआ, तब उसे प्यार भरे स्पर्श का एहसास हुआ। उसकी पलकों की पंखाकार बरौनी ऐसे फड़फड़ा रही थीं, मानो वे गहरी निद्रा से जागी हों। सरला ने ट्रे की ओर देखा।

''यह क्या है?'' सरला ने पूछा। वह इतनी रात को माँ के ऐसे प्रवेश से भ्रमित थी।

''यह सब तुम्हारे लिए है, क्योंकि तुम मेरे व्यस्त दिन का सबसे खास हिस्सा हो!''

सरला मुसकराई और नींद में चॉकलेट का आधा कप पी गई तथा दोबारा सो गई। वह समझ नहीं पा रही थी कि उसकी माँ ने जो कुछ कहा है, उन शब्दों के वास्तव में क्या मायने हैं।

3. पापा, क्या मैं आपसे एक घंटा 'खरीद' सकता हूँ?

एक व्यक्ति देर रात को काम पर से थका-माँदा घर लौटा। उसका पाँच साल का बेटा दरवाजे पर उसका इंतजार कर रहा था। उसने छूटते ही कहा, "डैडी, क्या मैं आपसे एक सवाल पूछ सकता हूँ?"

"हाँ-हाँ, क्यों नहीं! बोलो, क्या सवाल है?" उस व्यक्ति ने जवाब दिया।

"डैडी, आपको एक घंटे का कितना पैसा मिलता है?"

"तुम्हारा इससे कोई मतलब नहीं! तुम यह सब क्यों पूछना चाहते हो?" उस व्यक्ति ने गुस्से में कहा।

"मैं तो बस यों ही पूछना चाहता हूँ कि आप एक घंटे का कितना लेते हैं?" छोटे से बच्चे ने मचलते हुए कहा।

"अगर तुम सचमुच जानना चाहते हो तो सुनो, मैं एक घंटे में बीस रुपए कमाता हूँ।"

"ओह!" छोटे से लड़के ने जवाब दिया तथा सिर झुका लिया। फिर ऊपर देखा और बोला, "डैडी, क्या आप मुझे सिर्फ दस रुपए दे सकते हैं?"

पिता ने आगबबूला होकर कहा, "यदि तुम बेकार सा खिलौना या ऐसी ही कोई अन्य चीज लेना चाहते हो तो सीढ़ियाँ चढ़ो और अपने कमरे में जाकर सो जाओ। मैं रोज घंटों कड़ी मेहनत करता हूँ। तुम्हारी ऐसी बचकानी हरकत के लिए मेरे पास समय नहीं है!"

वह छोटा बच्चा चुपचाप अपने कमरे में चला गया और दरवाजा बंद कर लिया।

वह व्यक्ति बैठकर आराम करने लगा, लेकिन बच्चे के सवाल रह-रहकर उसके मन-मस्तिष्क को कुरेद रहे थे। उसने सिर्फ थोड़े से पैसों के लिए ऐसे सवाल पूछने की हिम्मत कैसे की? एक घंटे बाद वह शांत हो गया और उसने महसूस किया कि उसने बच्चे के साथ कठोर बरताव किया है।

उसने सोचा कि हो सकता है, बच्चे को दस रुपए की वास्तव में जरूरत हो। वह यों ही पैसे नहीं माँग रहा था। वह व्यक्ति बच्चे के कमरे में चला गया और दरवाजा खोलकर पूछा, "बेटे, सो गए क्या?"

"नहीं डैडी, मैं जाग रहा हूँ।" लड़के ने जवाब दिया।

"मैं सोच रहा हूँ कि शायद, मैंने तुम्हारे साथ कुछ ज्यादा ही कठोर व्यवहार

किया है।" उस व्यक्ति ने कहा, "मैंने सारे दिन की थकान तुम्हारे ऊपर उतार दी। लो, दस रुपए रखो।"

बच्चा बैठ गया और मुसकराकर बोला, "ओह! थैंक्स डैडी!" वह चहक उठा। इसके बाद उसने अपने तकिए के नीचे से मुड़ा-तुड़ा दस रुपए का एक नोट निकाला। उस व्यक्ति ने देखा कि बच्चे के पास पहले से ही दस रुपए हैं। यह देखकर उसे दोबारा गुस्सा आ गया।

उस लड़के ने रुपए गिने तथा फिर अपने पिता की ओर देखा।

"जब तुम्हारे पास पहले से ही पैसे थे तब तुमने और पैसे क्यों माँगे?" पिता ने गुस्से में कहा।

"क्योंकि मेरे पास पूरे पैसे नहीं थे, लेकिन अब हैं।" बच्चे ने जवाब दिया। "डैडी, मेरे पास बीस रुपए हैं। अब क्या मैं आपसे एक घंटा खरीद सकता हूँ? डैडी, प्लीज कल जल्दी आ जाओ। मैं आपके साथ डिनर करना चाहता हूँ।"

इस कहानी से उन सभी लोगों को याद दिलाने की कोशिश की गई है, जो जीवन में बहुत ज्यादा काम करते रहते हैं। हमें इतना भी व्यस्त नहीं होना चाहिए कि समय हमारे हाथ से खिसक जाए और हम उन लोगों के लिए समय न निकाल पाएँ, जो हमारे दिलों के पास हैं, जिनके हमारे जीवन में मायने हैं। बेहतर होगा कि बीस रुपए का थोड़ा सा समय उनके लिए निकालें, जिन्हें आप प्यार करते हैं।

4. सेवानिवृत्ति के बाद मैं क्या करूँगा?

स्टार पेपर मिल्स, सहारनपुर ने 'तनाव झेलने की क्षमता' पर आयोजित सेमिनार में मुझे बुलाया।

मैंने 40+ प्रतिभागियों से पूछा कि उनके तनाव से जुड़े कारक कौन-कौन से हैं? उन लोगों ने जवाब दिया—

1. परिवार
2. नौकरी—बॉस और सहयोगी
3. पैसा
4. समय
5. क्रोध
6. इच्छाएँ

7. सेवानिवृत्ति।

और मैंने इस सूची को इस प्रकार से बदल दिया—

1. सेवानिवृत्ति
2. परिवार
3. नौकरी—बॉस और सहयोगी
4. पैसा
5. समय
6. क्रोध
7. इच्छा।

- मेरी निश्चित राय है कि यदि आपकी आयु चालीस वर्ष से अधिक है तो आपको सबसे ज्यादा बल इस बात पर देना चाहिए, 'सेवानिवृत्ति के बाद मैं क्या करूँगा/ करूँगी?' मैं आपको बता सकता हूँ कि अड़सठ वर्ष से अधिक आयु हो जाने पर भी रवैए और अनुशासन के सही मेल से तनाव दूर हो सकता है—चाहे आप सेवानिवृत्त होने से पहले हों, चाहे बाद में हों और यहाँ तक कि इसके बाद भी! मैं अपनी बात जारी रखता हूँ। जो दिखाई देता है, हम उसी पर विश्वास कर लेते हैं।
- अपने परिवार के सदस्यों तथा अपने समाज के लोगों को ध्यान से देखें। उन लोगों को देखें, जो संगठन से रिटायर हो चुके हैं।
- रिटायर होने के बारे में अभ्यास करें, जिसके सार्थक परिणाम सामने आएँ। ऐसा काम करें, जो आपको अच्छा लगता है। उद्यम करें, ताकि आप एक सेकंड के लिए भी खाली न बैठें।

मैंने सेवानिवृत्ति के बाद यही किया था। जैसा कि मैंने पहले कहा था, मैं सार्थक धुन में विश्वास करता हूँ, जैसे सेवानिवृत्त होने के बाद उद्यमिता।

अपने जीवन में यह कभी मत भूलो कि आपका व्यक्तित्व सिर्फ इसी सीमा तक महत्त्वपूर्ण है कि इससे संयोगवश छोटी सी शुरुआत हो सकती है, लेकिन आपके मन-मस्तिष्क में उमड़ रहे खयाल ही आपकी नजरों में भी आपका कद अधिक—और अधिक बढ़ा देते हैं। इसलिए, हमेशा अपने मन के परदे पर यही चित्र देखें—'अर्जुन और चिड़िया की आँख'।

हममें से अधिकांश इसका अनुकरण नहीं करते। हम स्वयं को इतने ज्यादा

कामों में उलझा लेते हैं कि अंत में हम मानसिक रूप से दिग्भ्रमित हो जाते हैं। सफलता तभी मिलती है जब हम सोने से पूर्व हर रात को कार्यों की प्राथमिकता तय कर लेते हैं। इस प्रकार, जैसे ही उठते हैं, सुबह-सुबह हमें अपने लक्ष्य के प्रति अभिमुख होना चाहिए तथा व्यवस्थित अपने काम के घंटों को अनुकूल दृष्टि से करना चाहिए।

सच्चा उद्यमी केवल पाँच इंद्रियों का ही इस्तेमाल नहीं करता बल्कि छठी, सातवीं, आठवीं और नौवीं इंद्रियों का भी इस्तेमाल करता है। निश्चित रूप में छह से नौ तक इंद्रियाँ नहीं होतीं; लेकिन वह अपने अनुभव, प्रभाव, असफलताओं, जिंदगी के उतार-चढ़ावों तथा रातों की नींद को वश में कर स्वयं में ऐसी इंद्रियाँ विकसित कर लेता है।

जब उद्यमिता किसी उद्यमी को झकझोरती है तो वह कुछ समय तक 'क्रेजी' या सनकी हो जाता है। उसके पास सीमित साधन होते हैं तथा उसे रचनात्मक एवं सुगम राहें ढूँढ़नी पड़ती हैं, ताकि वह जितनी पूँजी लगाता है उससे पर्याप्त पैसा कमा सके। चाहे उसे सफल व्यक्ति कहो या सिद्धहस्त, लेकिन मूलतः वह ऐसा व्यक्ति है जिसमें सोच-समझकर खतरा उठाने का दृढ़ निश्चय होता है और जो अटल होता है तथा जिसमें खतरा मोल लेने की सनक होती है। ये सभी मूल्य सैद्धांतिक लगते हैं, लेकिन इन मूल्यों के मिश्रण से ही अंतिम परिणाम सामने आते हैं।

5. वैयक्तिक ऋण बहुत महँगे होते हैं

- यह कभी न सोचें कि बैंक के लोग हरिश्चंद्र की संतानें हैं।
- सबकुछ लिखित रूप में लें, क्योंकि बैंक के कार्यकारी बहुत से वायदे करते हैं।
- यह मत भूलें—बैंक मुनाफा कमानेवाले कारोबार से जुड़े हैं। और 'मुनाफा' उनके लिए मंदा या अस्पृश्य शब्द नहीं है।
- प्रत्येक कार्य के लिए चार्ज वसूलनेवाले 'सूदखोर' सदियों से इस जन्मजात गुण से संपन्न होते हैं।
- ऋण 'चूहे के पिंजरे' के समान है, जिसमें पनीर या रोटी का बड़ा सा टुकड़ा लगा होता है तथा उसमें बड़े-बड़े छेद बने होते हैं।
- इस पिंजरे में घुसने से पहले पिंजरे के बाहर भली-भाँति विचार कर लें।
- आपको ब्याज में कमी का लाभ तभी मिल सकता है, जब आपके ऋण

की राशि बहुत ज्यादा होती है तथा आपका चरित्र, नेक नाम व प्रतिष्ठा भी बहुत अच्छी होती है।

- बैंकों से सौदेबाजी न करें—जैसे सब्जी बेचनेवाला आलू, गोभी, प्याज बेचता है वैसे ही वे पैसा बेचते हैं। अंतर इतना है कि सब्जी बेचनेवाला ए.सी. ऑफिस में नहीं बैठता।

सात अप्रत्यक्ष लागतों पर ध्यान दें

बैंक का ऋण बर्फ के बड़े से टुकड़े (आइसबर्ग) के समान होता है—आपको दिखाई पड़नेवाली लाइन आइसबर्ग की नोक मात्र होती है। (नोक 14 प्रतिशत होती है तथा 86 प्रतिशत हिस्सा पानी के नीचे होता है।) आक्रामक बहुराष्ट्रीय बैंकों से सावधान रहें।

1. ऋण की प्रोसेसिंग फीस 1 से 2 प्रतिशत होती है।
2. ऋण देते समय पहली ई.एम.आई. या किस्त की कटौती होती है।
3. जब आप समय से पहले पूरा ऋण चुका देते हैं तो आप दो बिल्लियों की लड़ाई में बंदर की कहानी न भूलें—यह मोटा बंदर बैंक है। बैंक के एम.बी.ए. वाले बहुत ज्यादा रचनात्मक एवं प्रवर्तक बन जाते हैं। समय से पहले भुगतान करने पर 2 से 4 प्रतिशत जुरमाना लगता है।
4. स्वयं खोजबीन करें!
5. स्वयं खोजबीन करें!!
6. स्वयं खोजबीन करें!!!
7. स्वयं खोजबीन करें!!!!

6. खरगोश और कछुए के बीच जुगलबंदी

एक बार कछुए और खरगोश के बीच बहस छिड़ गई कि उनमें से कौन तेज दौड़ता है। उन्होंने दौड़ लगाकर बहस खत्म करने का निर्णय लिया। उन्होंने मार्ग तय किया। खरगोश तुरंत आगे निकल गया और कुछ समय तक तेज दौड़ता रहा। जब उसने देखा कि वह कछुए से बहुत आगे निकल आया है तो वह एक पेड़ के नीचे सो गया। कछुआ खरगोश से आगे निकल गया और शीघ्र ही उसने दौड़ समाप्त कर ली। वह विजेता बन गया। खरगोश जागा तो उसे पता चल गया कि वह दौड़ हार गया है।

शिक्षा-1

धीमे, किंतु लगातार प्रयास करनेवाला दौड़ जीतता है।

दौड़ हार जाने पर खरगोश निराश हो गया और उसने अच्छी तरह से विचार-विमर्श किया। उसने महसूस किया कि वह इसलिए हार गया, क्योंकि उसमें अधिक आत्मविश्वास, लापरवाही तथा सुस्ती थी। यदि वह बातों को इतने हलके से नहीं लेता तो कछुआ उसे हरा नहीं सकता था। इसलिए उसने कछुए को दौड़ के लिए दोबारा चुनौती दी। कछुआ मान गया। इस बार खरगोश बिना रुके दौड़ता ही रहा—तब तक दौड़ता रहा जब तक दौड़ समाप्त नहीं हो गई। वह कई मीलों तक दौड़ जीत गया।

शिक्षा-2

तेज, लेकिन निरंतर प्रयासरत हमेशा धीमे लेकिन निरंतर प्रयासरत व्यक्ति को हरा देता है। धीमे, लेकिन लगातार काम करना अच्छा है, परंतु तेज और लगातार काम करना उससे भी अच्छा है।

कछुए ने इस बार कुछ सोंचा और महसूस किया कि इस बार की गई दौड़ के तरीके से वह खरगोश को नहीं हरा सकता। उसने थोड़ी देर सोचा और उसने फिर दौड़ लगाने की चुनौती दी; लेकिन इस बार रास्ता अलग था। खरगोश मान गया। दौड़ शुरू हो गई। खरगोश ने स्वयं से वायदा किया था कि वह तेजी से लगातार दौड़ता रहेगा और खरगोश अपने वायदे के अनुसार तब तक दौड़ता रहा जब तक नदी नहीं आ गई। अंतिम रेखा नदी के पार कुछ कि.मी. दूर थी। खरगोश बैठ गया और सोचने लगा कि अब क्या किया जाए? इसी दौरान कछुआ नदी में चला गया और तैरकर दूसरे किनारे तक पहुँच गया। उसने तब तक चलना जारी रखा जब तक दौड़ समाप्त नहीं हो गई।

शिक्षा-3

पहले अपनी वास्तविक क्षमता पहचानो, तब अपनी क्षमता के अनुसार क्षेत्र बदलो। अपनी क्षमता के आधार पर कार्य करके आप दूसरों की दृष्टि में श्रेष्ठ ही नहीं हो जाओगे बल्कि प्रगति और उन्नति के मार्ग खुल जाएँगे।

यह कहानी चलती रही। इस बार खरगोश और कछुआ दोनों मित्र बन गए और उन्होंने मिलकर सोचा। उन्होंने दोबारा दौड़ लगाने का फैसला लिया; लेकिन

इस बार टीम के रूप में। उन्होंने दौड़ शुरू की और इस बार किनारा आने तक खरगोश कछुए को लेकर चलता रहा। तब कछुआ नदी में तैरकर पार हो गया और इस बार खरगोश उसकी पीठ पर बैठ गया। किनारे, दूसरी ओर खरगोश ने कछुए को उठाया और दोनों इकट्ठे अंतिम लाइन तक पहुँच गए। उन दोनों ने आनंद, संतुष्टि और सफलता महसूस की।

शिक्षा-4

वैयक्तिक रूप से अभिप्रेरित होना अच्छा है, साथ ही दृढ़ एवं मूल क्षमताओं का होना भी अच्छा है; लेकिन जब तक आप टीम के रूप में कार्य नहीं करते और परस्पर मूल क्षमताओं से तालमेल नहीं बिठाते तब तक श्रेष्ठ प्रदर्शन नहीं कर सकते; क्योंकि हमेशा ऐसी परिस्थितियाँ उत्पन्न होती हैं, जब आपका प्रदर्शन खराब होता है तथा दूसरों का श्रेष्ठ। टीम वर्क प्रमुखतः परिस्थितिजन्य नेतृत्व से संबंधित है।

नोट करें कि न तो खरगोश ने और न ही कछुए ने असफलता के बाद आशा छोड़ी। असफलता एक घटना है। यह कदापि स्थायी नहीं होती।

शिक्षा-5

कछुए ने अपनी कार्य-नीति बदली, क्योंकि वह पहले ही यथासंभव मेहनत करता था। जीवन में जब असफलता मिलती है तब कभी-कभी और अधिक मेहनत करना उपयुक्त होता है तथा अधिक चतुराई से कार्य करके प्रयास अधिक सार्थक होते हैं। कभी-कभी आप कार्य-नीति में थोड़ा सा बदलाव लाएँ तथा अलग तरीके से कोशिश करें। और कभी-कभी दोनों ही बातें उपयुक्त होती हैं।

शिक्षा-6

जब आप प्रतिद्वंद्वी से स्पर्धा करना छोड़ देते हैं तब परिस्थितियों से स्पर्धा करने की बजाय हमें बेहतर ढंग से कार्य करना चाहिए।

7. चूहा भी बाहर आकर बिल्ली के गले में घंटी बाँधने की सोच सकता है

एक बार चूहों की एक सभा हुई। वे मोटी बिल्ली की शिकायत कर रहे

थे, जिसने उनका जीना मुश्किल कर रखा था। खूब विचार-विमर्श हो रहा था। तभी एक बूढ़े चूहे ने राय दी, ''क्यों न मोटी बिल्ली के गले में घंटी बाँध दी जाए!''

लेकिन प्रश्न था कि घंटी कौन बाँधे?

तभी एक युवा चुहिया सामने आई। वह केमिस्ट की दुकान पर काम करती थी। उसने अपनी सेवा देने की पेशकश रखी। हर कोई उसका मजाक उड़ाने लगा।

लेकिन उस चुहिया ने शाम को बिल्ली के दूध में नींद की गोलियाँ मिला दीं। एक घंटे बाद उसने बिल्ली के गले में घंटी बाँध दी थी। उसकी सास बहुत खुश थी।

□□□